藤井恵

とっておきの晩酌レシピ

世界文化社

おつまみ好きが高じて
探求し続けたら
体によくて、おいしくて
呑み疲れない
旬の味に
たどりつきました

お酒が好き。
でも、おつまみはもっと好き。
ほぼ毎日、晩酌をする身にとっては
一日の終わりは、とびきりおいしいもので
しめくくりたい、という気持ちが強いのです。
ただ、年齢的においしいだけでは
ちょっと不安なのが正直なところ。
体にいいことも頭の片隅に入れながら
本当に納得できるものを探求し続けたら
自然と、旬の素材を生かした
おつまみにたどりつきました。
四季折々、色とりどり、味わいいろいろ。
現在の私のおつまみレシピの集大成をご紹介します。

おしながき

三章 ワザあり プロの一品

四章 秋のおつまみ

この本の決まり

・材料表に「砂糖」とある場合は、きび砂糖、塩は自然塩を使用しています。
・大さじは15㎖、小さじは5㎖、1カップは200㎖です。
・塩少々は、親指と人差し指の指二本でつまんだ量で、小さじ⅛～⅒（約0.5g）です。
・だしは、削り節と昆布の合わせだしか、市販の和風だしの素を袋の表示にしたがって使用してください。
・電子レンジの加熱時間は、600Wの場合の目安です。500Wなら1.2倍、700Wなら0.8倍を目安に加熱します。
・グリルは、両面焼きの魚焼きグリルを基準にしています。

五章 四季折々 作り続けたいおつまみ

六章 冬のおつまみ

一章

春のおつまみ

芽吹きの力強さと繊細さを
合わせ持つのが春の食材のおもしろさ。
ぽかぽかとした暖かさに
気持ちもはずむ季節ですから
おつまみも軽やかに仕上げるよう心がけます。
素材の持ち味も生かせて
呑み疲れ、食べ疲れも防げます。

桜と新緑が一度に楽しめるよくばりな家呑みです

桜の花が咲き始めると、気持ちまで新しくなるようで大好きな季節です。この数年、気に入っているのがおうちお花見。お天気を気にしなくてすむので計画が立てやすいですし、晩酌はもちろん、昼呑みにもおすすめです。桜や新緑の枝ものを室内に生けたら旬の野菜や山菜をたっぷり使ったおつまみと日本酒をお供に、春の宴を満喫します。

桜ゼリー

目と舌で春を感じる
ほんのり日本酒が香るゼリーです。

材料と作り方（作りやすい分量）

桜の塩漬け — 10個
日本酒 — 100mℓ
水 — 200mℓ
砂糖 — 50g
A ｜ 粉ゼラチン — 5g
　｜ 水 — 大さじ3

1 桜の塩漬けは水に10分ほど浸して塩気を抜き、水気をきる。
2 鍋に日本酒、水、砂糖を入れて煮立て、火を止める。ふやかしたAを入れて混ぜ、溶かし、1の桜を加える。
3 鍋の底に氷水を当てて少しとろみがつくまで混ぜる。
4 型に流し入れて冷蔵庫で冷やし固める。

カラフル野菜の かにみそバーニャカウダ

コールラビは、
大根のような食感の地中海原産の野菜。
かにみそと生クリームの濃厚ソースを
たっぷりつけて。

材料と作り方（２人分）

赤かぶ、コールラビ、赤大根
　— 各適量

かにみそ — ½缶（50ｇ）

A | にんにく（半分に切り、芽を除く）
　　— ２かけ
　| 牛乳 — 大さじ２
　| 水 — 大さじ６

B | 生クリーム — ½カップ
　| 塩、こしょう — 各少々

1　大きめの耐熱カップにAを入れ、ラップをせずに電子レンジで３分ほど加熱し、にんにくを取り出す。

2　小鍋に1のにんにくを入れてなめらかになるまでつぶし、かにみそ、Bを入れて中火にかけ、混ぜながらひと煮立ちさせる。

3　赤かぶはくし形切り、コールラビは半月切り、赤大根は輪切りにして器に盛り、別の器に入れた2を添える。

フレッシュな地場野菜で春を堪能

家の近所にできた地場野菜のお店で、ちょっと珍しい野菜を買うのが楽しみです。とれたての素材の持ち味を生かしてシンプルに料理します。

絹さやの卵とじ

絹さやのシャキッとした歯ざわりに、新玉ねぎの甘みは春ならではの出合いもの。

材料と作り方（2人分）

絹さや — 12枚
新玉ねぎ — ½個
卵 — 2個
A | だし — 1カップ
　| 塩、しょうゆ — 各小さじ⅓

1 玉ねぎは2cm角に切る。卵は溶きほぐす。

2 鍋にA、玉ねぎを入れて中火にかけ、煮立ったら1〜2分煮る。絹さやを加えてひと煮し、卵を回し入れ、半熟状に火を通し、ふたをして火を止めて余熱で好みの加減に火を通す。

スナップえんどうの昆布じめ

昆布のうまみがじんわり広がります。2〜3日おいても、おいしい！

材料と作り方（作りやすい分量）

スナップえんどう — 20本
A | 塩 — 小さじ1½
　| 水 — 3カップ
昆布（絞ったふきんでふく）
　— 20cm×2枚

1 鍋にAを入れて強火で煮立て、スナップえんどうを入れて2分ほどゆで、ざるにあける。流水をさっとかけ、水気をきる。

2 ラップの上に昆布1枚をのせる。スナップえんどうを重ならないように並べ、残りの昆布をのせ、ラップできっちり包む。冷蔵庫に一晩おく。

3 昆布を除き、スナップえんどうを半分に裂いて器に盛る。

かぶの肉詰め煮

かぶの繊細な味を生かすため、
あっさりとした鶏ひき肉を合わせます。

材料と作り方（２人分）

かぶ ── 小４個
かぶの葉 ── ３〜４本
鶏ひき肉 ── 100g
A　しょうが（すりおろす）
　　── １かけ
　酒 ── 大さじ½
　塩 ── 小さじ¼
　片栗粉 ── 大さじ½
だし ── 1½カップ
B　しょうゆ ── 小さじ½
　塩 ── 小さじ⅓
C　だしまたは水 ── 大さじ１
　片栗粉 ── 大さじ½

1　ボウルにひき肉を入れ、Aを順に加えてその都度よく混ぜる。

2　かぶは皮をむき、縁を７〜８㎜残し、半分くらいの深さまでスプーンでくりぬく。かぶの葉は熱湯でさっとゆで、４㎝長さに切る。

3　くりぬいたかぶの内側に片栗粉少々（分量外）をふり、1を¼量ずつ詰める。

4　小さめの鍋にだし、3、くりぬいたかぶを入れて中火にかけ、煮立ったらふたをして5分ほど煮て、Bを加え弱火で15分ほど煮る。

5　かぶを取り出して器に盛り、かぶの葉を添える。残った煮汁を煮立て、混ぜ合わせたCを加えてとろみをつけ、かぶにかける。

水菜と豆腐としらすのサラダ

しらすのうまみとごまの香ばしさが、もう一杯を誘います。

材料と作り方（２人分）

水菜 ── 50ｇ
木綿豆腐 ── ½丁
A｜釜あげしらす ── 30ｇ
　｜酢 ── 小さじ1
B｜いり白ごま、ごま油
　｜── 各小さじ1
　｜塩 ── 小さじ⅓
いり金ごま ── 少々

1　水菜は３cm長さに切る。豆腐はペーパータオルで包み、1kgの重しをして10分ほどおいて水気をきる。

2　ボウルにAを入れて混ぜ、豆腐をくずして加え、B、水菜を加えてよくあえる。

3　器に盛り、金ごまを散らす。

ブロッコリーとわかめのお浸し

冷ました浸し地につけることで、鮮やかな色合いに仕上がります。

材料と作り方（２人分）

ブロッコリー ── ½株
わかめ（塩蔵） ── 30ｇ
A｜しょうが（細切り） ── 1かけ
　｜だし ── 1カップ
　｜しょうゆ ── 小さじ½
　｜塩 ── 小さじ⅓

1　ブロッコリーは小房に分け、熱湯でさっとゆで、ざるに上げる。わかめは洗ってから水に5分ほど浸し、水気をきって5〜6cm長さに切る。

2　鍋にA、わかめを入れて煮立て、冷ます。

3　2にブロッコリーを入れ、10分以上浸す。

貝づくしで一献

春の芽吹きの力を秘めた菜の花、根三つ葉、空豆に、旬の貝を合わせました。おいしいものをちょっとずつ、ゆっくり味わいながらのんびりと。日本酒は、上品な味わいが引き立つ辛口を合わせるのが好みです。

はまぐりの蒸し汁のうまみと
ほろ苦い菜の花が大人の味わい。

はまぐりと菜の花の茶碗蒸し

材料と作り方（2人分）

はまぐり ── 小6個
菜の花 ── 4本
A｜水 ── 大さじ3
　｜酒 ── 大さじ2
だし ── 適量
B｜しょうゆ ── 小さじ1
　｜塩 ── 小さじ⅕
卵 ── 2個

1　はまぐりは3％の塩水（水1カップ＋塩小さじ1）に浸し、新聞紙等をかぶせて室温で2時間ほどおいて砂出しし、よく洗う。菜の花は塩少々（分量外）を入れた熱湯でさっとゆで、ざるに上げる。穂先から⅓のところを切り、残りの茎は2cm長さに切る。

2　小鍋にはまぐり、Aを入れて中火にかけ、煮立ったらふたをして、殻がやっと開く程度に蒸し煮にする。ボウルにざるを重ね、蒸し汁を漉す。

3　蒸し汁にだしをたして300mℓにし、Bを加えて混ぜ、卵を加えて溶きほぐし、ざるで漉す。

4　2のはまぐりは身をはずし、4個は2〜3等分に切る。

5　器に菜の花の茎、切ったはまぐりを入れて3を注ぐ。アルミ箔で覆い、蒸気の上がった蒸し器に入れ、強火で2〜3分蒸し、表面が白くなったら弱火にして10分ほど蒸す。

6　5を取り出して菜の花の穂先、残りのはまぐりをのせる。

三つ葉の香りと甘みの強い小柱を
梅とわさびで引き締めて。

小柱と根三つ葉の梅わさびあえ

材料と作り方（2人分）

小柱 ── 50g
サラダ油 ── 少々
酒 ── 小さじ1
根三つ葉 ── 300g
A｜梅肉 ── 大さじ1
　｜わさび ── 小さじ1
　｜しょうゆ ── 小さじ½

1　フライパンにサラダ油をごく薄く塗って熱し、小柱を入れてさっと炒め、酒をふって手早くいりつけて取り出す。

2　塩少々（分量外）を入れた熱湯に三つ葉を入れてさっとゆで、ざるに上げ、4cm長さに切ってしょうゆ少々（分量外）をまぶし、水気を絞る。

3　ボウルにAを混ぜ合わせ、1、2を加えてあえる。

揚げただけで、気の利いた
おつまみのでき上がり。

空豆とたたみいわしの素揚げ

材料と作り方（2人分）

空豆 ── 4本
たたみいわし ── 1枚
揚げ油 ── 適量
塩 ── 少々

1　空豆はさやから出し、黒い部分に切り目を入れる。

2　揚げ油を180℃に熱し、空豆を入れて薄皮がはじけるまで揚げる。続けてたたみいわしを入れ、カリッとするまで揚げる。

3　空豆に塩をふり、たたみいわしを食べやすく割り、器に盛る。

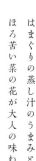

ほろ苦さも
ご馳走です

豚肉ステーキ　ふきみそのせ

こんがり焼いた豚肉に、
ふきみそをたっぷり。
おもてなしにもなる自信作です。

材料と作り方（２人分）

豚ロースステーキ用肉 ── ２枚
塩 ── 少々
酒 ── 小さじ２
ふきみそ ── 大さじ２

1　豚肉はげんこつでたたいて広げ、筋を切り、手で寄せて元の大きさに戻し、塩をふる。

2　グリルパン（またはフライパン）を熱し、豚肉を入れて中火で両面をこんがり焼く。酒をふりかけ、ふきみそを等分にのせ、ふたをして2分ほど蒸し焼きにする。

3　食べやすく切って器に盛る。

ふきみその作り方

材料と作り方（作りやすい分量）

ふきのとう ── 100g
サラダ油 ── 大さじ½
A｜みそ ── 100g
　｜みりん、酒 ── 各大さじ３
卵黄 ── 1個分

1　ふきのとうはみじん切りにする。

2　フライパンにサラダ油を中火で熱し、ふきのとうを入れてしんなりするまで炒める。Aを加え、時々混ぜながら煮る。

3　火を止め、粗熱がとれたら2に卵黄を加え、再び中火にし、手早く混ぜて火を通す。

保存法／保存容器に入れて、冷蔵庫で14日間保存可能。

花わさびと焼き油揚げのお浸し

ツーンとした辛みがお酒にぴったり。油揚げの香ばしさとのマッチングが絶妙です。

材料と作り方（２人分）

ゆでた花わさび（下記参照）— 100g

A | だし — ½カップ
  | しょうゆ — 小さじ２
  | 酢 — 小さじ１

油揚げ — １枚

1 ゆでた花わさびは３cm長さに切る。バットにAを混ぜ合わせ、花わさびを浸して30分以上おく。

2 油揚げは熱した焼き網にのせて両面をこんがり焼き（オーブントースターでもよい）、一口大に切る。

3 器に汁気を軽く絞った1、2を盛り、1のつけ汁適量をかける。

グリーンピースのだし浸し

煮汁に浸したまま冷ますとしわが寄りません。

材料と作り方（作りやすい分量）

グリーンピース — さや付きで300g

だし — 1½カップ

A | 塩、しょうゆ — 各小さじ１

1 グリーンピースはさやから出す。

2 鍋にグリーンピース、だしを入れて火にかけ、煮立ったら中火で10分ほど煮る。Aを加えて５分ほど煮て火を止め、そのまま冷ます。

花わさび（葉わさび）のゆで方

材料と作り方（作りやすい分量）

花わさびまたは葉わさび — 250g

砂糖 — 少々

1 花わさびは、水に浸してシャキッとさせる。

2 鍋に８カップの熱湯を沸かし、水2カップを加えて80℃にし、弱火にして花わさびを根元から入れてそのまま立てて１分ほどおく（イ）。全体を沈めて１分30秒ほどゆで（ロ）、冷水にさっととり（ハ）、まだ温かいうちにまな板にのせ、砂糖をまぶしてもむ（ニ、ホ）。

3 2を保存容器に入れ、ふたをして１時間ほどおいて辛みを出す（ヘ）。

山菜とほたるいかの白みそソース
サラダ(p.78)で残った
うどの皮で、もう1品。
切り落とした穂先も
使いきりましょう。

うどの皮のきんぴら

材料と作り方(作りやすい分量)

うどの皮と穂先 ― 150g
サラダ油 ― 小さじ1
A しょうゆ、酒、みりん ― 各小さじ2

1 うどは細切りにする。

2 フライパンにサラダ油を中火で熱し、うどの皮と穂先を入れてしんなりするまで炒め、Aを加えていりつける。

このほろ苦さと
力強い香りで
ちびちび、ずっと
呑めそうです。

ふきの葉のいり煮

材料と作り方(作りやすい分量)

ふきの葉 ― 100g
サラダ油 ― 小さじ1
A しょうゆ、砂糖 ― 各大さじ½
　酒 ― 大さじ2
いり金ごま ― 大さじ½

1 ふきの葉は、たっぷりの熱湯で柔らかくゆで、水にとって冷ます。水気を絞り、3cm長さの細切りにする。

2 鍋にサラダ油を中火で熱し、ふきの葉を入れ、全体に油が回るまで炒め、Aを加え、パラリとするまでいりつける。仕上げに金ごまを加えて混ぜる。

竹の子の照り焼き

竹の子と油の相性のよさを堪能して。木の芽といただくと、なおおいしい。

材料と作り方（2人分）

ゆで竹の子（右記参照）— 1本
サラダ油 — 大さじ½
A しょうゆ — 大さじ1
　酒 — 大さじ½
　みりん — 小さじ1
木の芽 — 適量

1 竹の子は縦4等分に切る。

2 フライパンにサラダ油を熱し、竹の子を切り口を下にして並べ、強めの中火でこんがり焼き色がつくまで焼き、返して残りの切り口も同様に焼く。油をふき、Aを加え、照りが出るまでからめる。

3 器に2を盛り、木の芽をのせる。

竹の子のゆで方

1 竹の子2本は穂先を斜めに切り落とし、長さの上半分のところまで縦に切り込みを入れる。

2 大きな鍋に水2ℓ、米ぬか1カップ、赤唐辛子2本、竹の子を入れて落としぶたをし、強火にかける。煮立ったらふきこぼれないくらいの火加減にして1時間ほどゆでる。そのまま冷まし、取り出して水に1時間ほどさらす。

形がずんぐりしていて、ずっしりと重く、皮にツヤと湿り気があるものが良品です。

ふきの土佐煮

おしょうゆ色に
しっかり煮つけた
おふくろの味。

材料と作り方（作りやすい分量）

ふき ── 200g
だし ── 1カップ
A | しょうゆ ── 小さじ2
　| 砂糖 ── 小さじ1
削り節 ── 適量

1 ふきは鍋に入る長さに切り、まな板に置き、塩適量（分量外）をふって板ずりをする。鍋に熱湯を沸かし、ふきを入れて3〜4分ゆで、水にとって皮をむき、5〜6cm長さに切る。

2 別の鍋にふき、だしを入れて中火にかけて5分ほど煮る。Aを加え、汁気がほとんどなくなるまで煮て、もんだ削り節を加えて混ぜる。

あさりと青のりの揚げ出し豆腐

磯の香りが春を運んでくれます。
いつもの揚げ出し豆腐に
飽きてきたときにも。

材料と作り方（2人分）

あさり ── 300g
A | 昆布 ── 5cm
　| 水 ── 1カップ
　| 酒 ── 大さじ3
だしまたは水、片栗粉 ── 各適量
B | 塩、しょうゆ、みりん ── 各小さじ⅓
C | だし ── 大さじ1
　| 片栗粉 ── 小さじ1
絹ごし豆腐 ── 1丁
青のり（生）── 30g
揚げ油 ── 適量

1 豆腐はペーパータオルに包んで冷蔵庫で一晩おき、水きりする。

2 あさりは3%の塩水（水1カップ＋塩小さじ1）に浸し、新聞紙等をかぶせて1〜2時間ほどおいて砂出しし、よく洗う。

3 鍋にあさり、Aを入れて中火にかけ、殻が開いたらあさりを取り出す。あさりは4個残して、あとは身をはずす。

4 3の蒸し汁はざるで漉し、だしまたは水をたして1カップにする。

5 鍋に4、Bを入れて中火にかけ、煮立ったら混ぜ合わせたCを加えてとろみをつけ、殻付きのあさりとあさりの身、青のりを加え、温まるまで煮る。

6 1の豆腐を半分に切って片栗粉をまぶし、170℃に熱した揚げ油で6〜7分揚げる。

7 器に6を盛り、5をかける。

二章

夏のおつまみ

仕事が早く終わった日は、
空をながめながらビールを一杯。
夏の間に1回は楽しみたい、至福の時間です。
野菜の味がグッと濃くなる時季なので
ゆでるだけ、炒めるだけの
シンプルなおつまみもいいものです。
豚肉の登場回数も増やして、
夏バテ対策も万全です。

夏の夕方、浴衣で居酒屋へ行くのが憧れでした

まだまだ学生の頃、
ドラマか映画だったでしょうか、
浴衣姿で居酒屋に行く女性を見て
粋で色っぽくて、なんて素敵！ と憧れたものです。
結婚をし、母となり、子どもたちも社会人となり
時間と気持ちに余裕ができた今、
やっと夢が実現しました。
ウキウキ、ワクワク、ちょっとだけ気恥ずかしい。
今夜は、おいしいお酒が呑めそうです。

いちじくの日本酒煮

やさしくまろやかな味わいは
日本酒だからこそ。
キーンと冷やしていただきます

材料と作り方（作りやすい分量）

いちじく — 4個

A | レモンの薄切り — 3枚
  | 日本酒 — ½カップ
  | 砂糖 — 30g

1 いちじくはたっぷりの水に20分ほど浸し、水気をきる。

2 小鍋にいちじく、Aを入れて中火にかけ、煮立ったら火を弱め、ふたをして5分ほど煮て、火を止め、そのまま冷ます。冷蔵庫に入れて2時間ほど冷やす。

沖縄伝統の味は、お酒好きにはたまりません

沖縄の居酒屋で味わったおつまみの、強い陽射しをたっぷり浴びた野菜の力強い味わいが忘れられません。沖縄名物の豚肉料理も、濃厚味もあればさっぱり味もあり。
たっぷり食べて呑んでも、翌朝すっきりしていられるのは、食材のパワーのおかげかもしれません。

ゴーヤーチャンプルー

ゴーヤーのほろ苦さをビールで流して。箸もグラスもすすむ味です。

材料と作り方（2人分）

ゴーヤー── 1本
塩 ── 小さじ½
木綿豆腐 ── 1丁
豚ばら薄切り肉 ── 100g
塩、こしょう ── 各少々
花かつお ── ひとつかみ
溶き卵 ── 1個分
ごま油 ── 大さじ½
サラダ油 ── 小さじ1
A | 砂糖、しょうゆ ── 各小さじ1
　| 塩 ── 小さじ⅓

1　ゴーヤーは縦半分に切り、種とワタを除いて端から5㎜厚さに切る。塩をふって水気が出るまでおき、さっと洗って水気を絞る。豆腐はペーパータオルで包んで重しをして30分ほどおく。豚肉は2㎝長さに切る。花かつおは⅔量を細かくもむ。

2　フライパンにごま油を中火で熱し、豆腐をちぎって入れ、薄く焼き色がつくまで焼き、取り出す。

3　2のフライパンにサラダ油をたして熱し、肉を入れて炒め、肉の色が変わったら塩、こしょうを加えてさっと炒める。ゴーヤー、豆腐を戻し入れ、炒め合わせる。

4　もんで細かくした花かつお、Aを加えてさっと炒め、溶き卵を流し入れて炒める。

5　器に4を盛り、残った花かつおをのせる。

豚ばら黒糖煮

沖縄特産の黒糖はコクがあるのにしつこくならず、豚肉の味とよくなじみます。与那国島特産の少し酸味のある黒糖で作るのが気に入っています。

沖縄では島ごとに黒糖の色と味わいが少しずつ違います。与那国島産は黒っぽくて酸味があり、粟国島産はベージュっぽく、和三盆に似た味わいです。取り寄せも可能です。

材料と作り方（２人分）

豚ばらかたまり肉 ── 400g

A ｜ しょうが（薄切り）── 1かけ
　 ｜ わけぎの根元3cmの白い部分 ── 2本分

B ｜ だし ── 2カップ
　 ｜ 酒または泡盛 ── ½カップ
　 ｜ 黒糖（細かく砕く）── 大さじ3

しょうゆ ── 大さじ3

青ねぎの斜め切り（水にさらす）── 適量

1　豚肉は4等分に切る。鍋に熱湯を沸かし、豚肉を入れて2～3分ゆで、水にとる。ゆで汁はとっておく。

2　鍋に1、Aを入れ、かぶるくらいの水を注いで火にかけ、煮立ったらアクを除き、弱めの中火で1.5～2時間ほど煮る。そのまま冷まし、脂を固め、浮いた白い脂を除く。

3　鍋に2の肉、ゆで汁1カップ、Bを入れて火にかけ、煮立ったら弱火で30分ほど煮て、しょうゆ半量を加えてさらに30分ほど煮る。

4　3に残りのしょうゆを加え、20～30分煮る。

5　器に4を盛り、水にさらした青ねぎの斜め切りを添える。

にんじんしりしり

「しりしり」はせん切りという意味の沖縄方言。地元ではツナを入れることが多いですが、シンプルに削り節にしてお酒の邪魔にならない味に仕上げました。

材料と作り方（2人分）

にんじん — 1本

A　溶き卵 — 1個分
　　塩 — 小さじ1/5

ごま油 — 小さじ1

削り節 — 1袋（3g）

しょうゆ — 小さじ1

1　にんじんはスライサーで細切りにする。

2　フライパンにごま油を中火で熱し、にんじんを入れてしんなりするまで炒める。削り節、しょうゆを加えて混ぜ、混ぜ合わせたAを回し入れて炒め合わせる。

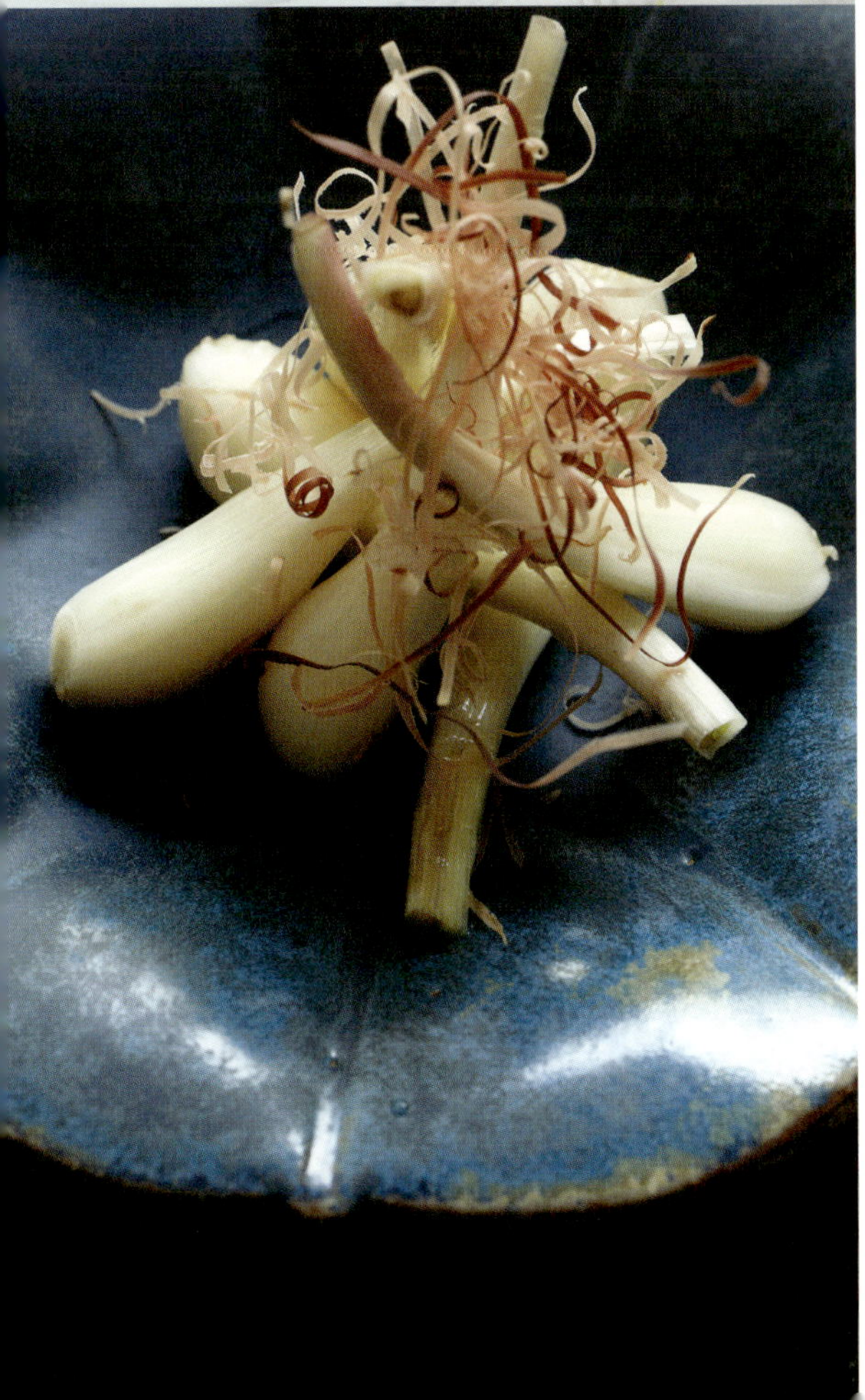

エシャロットの島らっきょう風

沖縄でしか栽培されていない島らっきょうをエシャロットで代用。小ぶりで香味が強く、シャキシャキの食感を糸削り節でシンプルに味わいます。

材料と作り方（2人分）

エシャロット — 10本

A　塩 — 小さじ1
　　水 — 1カップ

糸削り節 — 少々

1　エシャロットは根元を薄く切り取る。ポリ袋にA、エシャロットを入れ、口を縛って冷蔵庫で一晩おく。

2　1の水気をきって器に盛り、糸削り節をのせる。

ソーキ汁

骨つき肉と昆布からでる深みのあるだしは、
呑みの途中にも〆にもうれしいもの。
煮立たせないよう煮込んで、濁りのない味わいを楽しんでください。

材料と作り方(作りやすい分量)

豚スペアリブ —— 600g
冬瓜 —— 400g
結び昆布 —— 8個
水 —— 4カップ
A
- しょうが(薄切り) —— 1かけ
- 長ねぎの青い部分 —— 1本分
- 酒または泡盛 —— 1カップ

B
- しょうゆ —— 大さじ1
- 砂糖 —— 大さじ½

だし —— 3カップ
塩 —— 小さじ1
しょうが(すりおろす) —— 少々

1　湯を沸かしてスペアリブを入れ、2分ほどゆで、水にとって洗う。冬瓜は4×3cm角に切り、さっとゆでて水気をきる。

2　鍋に昆布、分量の水を入れて10分ほどおき、昆布を取り出す。

3　2の鍋にスペアリブ、Aを入れて火にかけ、煮立ったらアクを除き、弱火で1時間〜1時間30分煮る。スペアリブをボウルに取り出し、Bをからめ、ラップをかけておく。煮汁は漉して1カップ取り分ける。

4　鍋にだし、3の煮汁1カップ、冬瓜を入れて火にかけ、煮立ったら弱火にしてやわらかくなるまで15〜20分煮る。3のスペアリブをつけ汁ごと加え、昆布、塩を加えて10分ほど煮る。

5　器に4を盛り、しょうがをのせる。

もずくの天ぷら

沖縄ではおつまみの定番、おやつにもするそうです。もずくの磯の香りとプチプチの食感に、にんじんの甘み、ツナのうまみを加えました。

材料と作り方（2人分）

もずく（味がついていないもの）— 60g
にんじん — ¼本
ツナ缶 — 小½缶
小麦粉 — 大さじ3
A | 溶き卵 — ½個分
　| 塩 — 小さじ⅓
だしまたは水、揚げ油 — 各適量

1 もずくはペーパータオルで、水気をしっかりふき取る。にんじんは細切りにする。ツナは汁気をきる。

2 ボウルにもずく、ツナ、にんじん、小麦粉を入れて混ぜる。Aを加え、だしまたは水適量を加えてどろりとした状態にする。

3 揚げ油を180℃に熱し、2を大さじ2くらいずつ落とし入れてカリッとするまで2〜3分揚げる。

沖縄風芋天ぷら

沖縄の天ぷらは、厚めの衣もお楽しみ。さつまいもをマッシュしてもっちり感を出して、衣の存在感とバランスよく。

材料と作り方（2人分）

さつまいも — 1本
A | 片栗粉 — 大さじ2
　| 塩 — 小さじ⅓
B | 小麦粉 — 大さじ3
　| 水 — 大さじ2½
揚げ油 — 適量

1 さつまいもは皮付きのまま2cm厚さの輪切りにし、水にさらし、水気をきる。鍋に入れ、たっぷりの水を加えて火にかけ、煮立ったら火を弱めてやわらかくなるまで15〜20分ゆでる。

2 1の湯を捨て、フォークなどでなめらかになるまでつぶし、Aを加えて混ぜ、冷ます。直径8cmの棒状にし、8等分に切って円形に整える。

3 ボウルにBを混ぜ合わせ、2にからめ、180℃に熱した揚げ油で2〜3分揚げる。

アーサ卵焼き

沖縄の岩場で採れる海藻、アーサ（あおさ）を卵焼きに。
卵とよくなじむやわらかさ、
鮮やかなグリーンと卵の黄色の色合いが気に入っています。

材料と作り方（2人分）

あおさのり ― 5g
卵 ― 3個
A ｜ だし ― 大さじ3
　｜ みりん ― 大さじ½
　｜ 塩 ― 小さじ⅕
サラダ油 ― 適量

1　あおさのりは水にさっとくぐらせ、水気を絞る。

2　ボウルにAを混ぜ合わせ、卵を割り入れて溶きほぐし、あおさのりを加えて混ぜる。

3　卵焼き器にサラダ油小さじ⅓を塗って中火で熱し、2の¼量を流し入れて広げ、表面までほぼ火が通るまで焼き、向こう側から手前にむけて巻く。

4　卵焼きを向こう側に寄せ、サラダ油小さじ⅓を塗り、2の残りの⅓量を流し入れて広げて（卵焼きを持ち上げて下にも入れる）、表面までほぼ火が通るまで焼く。同様にあと2回くり返す。

5　4を食べやすく切って器に盛る。

冷やしすだち豆腐

すだちの酸味とさわやかな香りにわさびがツンとくる、
やみつきになる冷ややっこです。
塩で素材の持ち味を生かします。

材料と作り方（2人分）

木綿豆腐 ― 1丁
すだち ― 1個
塩、わさび（すりおろす） ― 各適量

1　豆腐は半分に切る。すだちは薄い輪切りにする。

2　器に豆腐を盛ってすだちをのせ、塩、わさびを添える。

おいしいゆで方、極めました！

夏といえば、ゆでたての枝豆にビールが定番ですが、とうもろこしも、いいおつまみになります。野菜の持つ甘みと塩気の塩梅が味の決め手。研究を重ねてたどりついた割合ですので、ぜひお試しください。

ゆで枝豆

少なめの塩水で蒸しゆですることで、
うまみの濃さが味わえます。
さやの両端を切ってゆでると、
味がしみやすく、
火も通りやすくなります。

材料と作り方（作りやすい分量）

枝豆 — 250g

A | 塩 — 大さじ1
　| 水 — 2½カップ

1 枝豆はさやの両端をはさみで少し切る。

2 鍋に枝豆、Aを入れ、ふたをして強火にかけ、煮立ったら好みのかたさになるまで5〜10分ゆで、ざるに上げる。

ゆでとうもろこし

北海道出身の方に教わった
ゆで方です。プチッと弾ける実は、
冷めてもしわが寄りません。
ラップで包んだまま
冷凍もできますよ。

材料と作り方（作りやすい分量）

とうもろこし — 3本

A | 塩 — 40g
　| 水 — 2ℓ

1 鍋にAを入れて火にかけ、沸騰したらとうもろこしを入れて強火で5分ほどゆでる。とうもろこしを取り出し、すぐに1本ずつラップで包み、そのまま冷ます。

2 食べやすく切って器に盛る。

みょうがしらす

あえるだけなので、とりあえずの一品にぴったり。
ひと箸ごとに、みょうがの香りとしらすのうまみが広がって、
もう一杯を誘います。

材料と作り方(2人分)

みょうが — 3本
しらす干し — 30g
梅肉 — 小さじ½
みりん — 小さじ⅓

1 みょうがは薄い輪切りにし、水にさっとさらし、水気をきる。すべての材料をあえる。

ゴーヤーの梅おかかあえ

苦みと酸っぱさを削り節のうまみがほどよくマイルドに。
オリーブオイルの風味で、
和風になりすぎないのも魅力です。

材料と作り方(2人分)

ゴーヤー — 1本
塩 — 小さじ½
A 梅肉 — 大さじ½
　オリーブオイル — 小さじ1
　しょうゆ — 小さじ½
削り節 — 1袋(3g)

1 ゴーヤーは縦半分に切り、種とワタを除いて、端から5㎜厚さに切る。塩をふって水気が出るまでおき、さっと洗って熱湯でゆでて水にとり、水気を絞る。

2 ボウルにAを入れて混ぜ、ゴーヤーを加えて混ぜ、削り節を加えてあえる。

なめみそ

にんにく、しょうがに
ピリッと赤唐辛子を効かせました。
おむすびに塗って〆にするのもおすすめです。

材料と作り方(作りやすい分量)

にんにく、しょうが(各みじん切り)
　— 各2かけ
ごま油 — 大さじ2
赤唐辛子(小口切り) — 1本
みそ — 100g
削り節 — 1袋(3g)
すり白ごま — 大さじ1
ミニきゅうり — 適量

1 小鍋ににんにく、しょうが、ごま油を入れて火にかけ、フツフツとしてきたらごく弱火にし、赤唐辛子を加えて5分ほど加熱する。

2 みそを加え、にんにく、しょうがをすりつぶすように混ぜ、削り節、白ごまを加えて混ぜる。

3 器に2を適量盛り、きゅうりを添える。

とうもろこしの天ぷら

ゆでたものを天ぷらにすれば、
油のはねも抑えられます。
黒こしょう入りの塩が
とうもろこしの甘みを引き立てます。

材料と作り方（２人分）

とうもろこし（ゆでる・ゆで方は p.32参照）── １本

A ｜ 天ぷら粉 ── 大さじ３
　｜ 水 ── 大さじ２½

揚げ油 ── 適量

B ｜ 塩、粗びき黒こしょう ── 各適量

1　ゆでたとうもろこしは長さを半分に切り、包丁で実をそぎ取る。

2　ボウルにAを混ぜ合わせ、1を入れてからめ、180℃に熱した揚げ油で１分ほど揚げる。

3　器に2を盛り、混ぜ合わせたBを添える。

枝豆と新しょうがのかき揚げ

揚げたての新しょうがの
さわやかな香りがアクセント。
薄めの衣からすける
緑の鮮やかさに暑さを忘れます。

材料と作り方（２人分）

枝豆（ゆでる・ゆで方は p.32参照）── 200ｇ

新しょうが ── 50ｇ

天ぷら粉 ── 大さじ１

A ｜ 天ぷら粉 ── 大さじ２
　｜ 水 ── 大さじ２½

揚げ油 ── 適量

1　ゆでた枝豆はさやから出す。しょうがは細切りにする。ボウルに合わせて入れ、天ぷら粉をまぶし、混ぜ合わせたAを加えて混ぜる。

2　揚げ油を180℃に熱し、1を大さじ１ずつ落とし入れ、２分ほど揚げる。

水なす

塩水に一晩漬けて、みずみずしさを堪能します。
塩をつけながら味わい、
冷酒をいただくのが夏の楽しみです。

材料と作り方(2人分)

水なす — 1個
A | 塩 — 小さじ2
  | 水 — 1カップ
  | 酢、砂糖 — 各小さじ1
塩 — 適量

1 ポリ袋にA、なすを入れ、空気を抜いて口を縛り、冷蔵庫に一晩おく。

2 なすの水気をきり、食べやすく切って器に盛り、塩を添える。

揚げなすとみょうがの南蛮漬け

野菜が主役ですが、ボリュームもあるので
いい具合におなかも満足します。
冷蔵庫で冷やしてもおいしいです。

材料と作り方（2人分）

なす — 3本
みょうが — 3本
ししとう — 6本
A | 赤唐辛子（小口切り）— 1本
だし — ½カップ
酢 — ⅓カップ
砂糖 — 大さじ1½
しょうゆ — 小さじ2
塩 — 小さじ½
揚げ油 — 適量

1 なすは縦半分に切り、皮目に斜めに5㎜幅の切り込みを入れ、長さを半分に切る。みょうがは縦半分に切る。ししとうはヘタを除き、縦に1本切り目を入れる。

2 小鍋にAを入れて火にかけ、煮立ったら火を止める。

3 揚げ油を180℃に熱し、みょうが、ししとうを入れてさっと揚げる。揚げ油を200℃にし、なすを入れてこんがり揚げる。

4 バットに3を入れ、2をかけ、30分ほどおく。

山形風だしかけ冷ややっこ

野菜の大きさを揃えると、見た目も味もよくなります。
いつもの冷ややっこが、ちょっと粋なお店の味に。
1週間冷蔵保存可能です。

材料と作り方（作りやすい分量）

きゅうり — 1本
みょうが — 3本
ししとう — 5本
青じそ — 10枚
しょうが — 1かけ
がごめ昆布（はさみで細かく切る）、
　または刻み昆布 — 5g
A｜だし — 1½カップ
　｜しょうゆ — 小さじ2
　｜砂糖、塩 — 各小さじ1
木綿豆腐 — 1丁

1　ししとうは種を除き、きゅうり、みょうがとともに5㎜角に切る。青じそ、しょうがはみじん切りにする。

2　小鍋にA、がごめ昆布を入れて火にかけ、煮立ったら火を止め、冷ます。

3　保存容器に1を入れて2をかけ、冷蔵庫で2時間以上おく。

4　豆腐は食べやすくちぎって器に盛り、3を適量かける。

あじのたくあんあえ

あじとたくあんの相性のよさを、
ぜひ味わっていただきたい一品です。
たくあんは細く切りすぎると
間の抜けた味になるので注意して。

材料と作り方（2人分）

あじ（刺身用・三枚におろしたもの）
　— 2尾
A｜塩 — 小さじ½
　｜水 — ½カップ
酢 — 大さじ1
たくあん — 50g
青じそ（せん切り）— 4枚
B｜酢 — 大さじ½
　｜しょうゆ — 小さじ1
　｜砂糖 — 小さじ½
いり金ごま（粗く刻む）— 大さじ½

1　バットにAを混ぜ合わせ、あじを入れて30分ほどおく。水気をきって酢をまぶし、1分ほどおき、水気をふく。あれば腹骨と小骨を除き、頭側から皮をむいて5㎜幅の斜め切りにする。

2　たくあんは斜め薄切りにしてから細切りにし、水につけて軽く塩出しし、水気を絞る。

3　ボウルにBを混ぜ合わせ、あじ、たくあん、金ごまをあえる。器に盛り、青じそをのせる。

ばくだん

よくよく混ぜて、のりで巻いていただきます。
ねばねば効果で、悪酔いしにくいのもうれしいところ。

材料と作り方（２人分）

まぐろ、いか（各刺身用）── 各50ｇ
長いも ── ５㎝
めかぶ ── ２パック
納豆 ── ２パック
たくあん ── ５㎝
温泉卵 ── １個
しょうゆ ── 小さじ１
焼きのり ── 適量

1　まぐろ、いかは1.5㎝角、長いも、たくあんは１㎝角に切る。納豆はしょうゆを混ぜておく。

2　器に１、めかぶ、納豆を盛って温泉卵をのせ、のりを添え、好みでわさびをのせる。

三章
ワザあり
プロの一品

これまでたくさんの居酒屋を
めぐってきた中で出合い、
絶妙なプロのワザに思わずうなった
おつまみをご紹介します。
素材の取り合わせのすばらしさ、
思いきってシンプルに徹することの大切さなど
料理家としても
勉強になった品々でもあります。

焼きさわらの炊き込みご飯

柚庵焼きにしてから炊き込むのが
香ばしさと深みが増すコツ。
たっぷりの青ねぎとごまも
大事なアクセントです。

材料と作り方（４人分）

さわらの切り身 ── ４切れ

A｜柚子またはレモンの輪切り ── ４枚
　｜しょうゆ ── 大さじ１
　｜酒、みりん ── 各大さじ½

米 ── ２合

だし ── ２カップ

B｜酒 ── 大さじ２
　｜塩 ── 小さじ½

梅干し ── １個

青ねぎ（小口切りにして水にさらす）── ３本

いり金ごま ── 大さじ１

1　バットにAを混ぜ合わせ、さわらをからめて１時間ほどおく。

2　米は洗ってざるに上げて水気をきり、だしに浸して30分ほどおく。

3　グリルに汁気をきったさわらを入れ、両面をこんがり焼き色がつくまで４〜５分焼く（中まで火が通らなくてよい）。

4　土鍋に２、Bを入れて混ぜ、３、梅干しをのせる。ふたをして中火にかけ、沸騰したら弱火で15分ほど炊き、強火にして10秒ほど加熱し火を止め、そのまま10分ほど蒸らす。梅干しは種を除き、青ねぎ、金ごまをふってさっくり混ぜる。

青菜のつけだれ浸し

お浸しがこんなにも素敵なおつまみになるのかと、感動した一品です。青菜は好みのものでかまいません。

材料と作り方（2人分）

小松菜 — ⅓束
グリーンアスパラガス — 2本
水菜 — ½束

A
塩 — 小さじ1
水 — 2½カップ

B
だし — ½カップ
しょうゆ — 大さじ½
削り節 — ひとつまみ
みりん — 小さじ1

1 鍋にAを入れ、沸騰したら小松菜、アスパラガス、水菜を順にゆで、ざるに上げて冷まし、食べやすい長さに切る。

2 小鍋にBを入れて火にかけ、煮立ったら火を止める。

3 器に1を盛り、2を添え、つけながら食べる。

すじポン

この料理で
煮込みとはひと味違う
すじ肉の楽しみ方を知りました。
さらし玉ねぎとごま油が、
なんともいい仕事をしてくれます。

材料と作り方（2人分）

牛すじ肉（ゆでたもの）— 150g
紫玉ねぎ — ¼個
青ねぎ（小口切り）— 1本
A ポン酢しょうゆ — 大さじ2
　ごま油 — 小さじ½

1 紫玉ねぎは薄切りにし、水にさらし、水気をきる。牛すじ肉は冷めていたら煮て温め、煮汁をきる。

2 器に牛すじ肉、紫玉ねぎを盛って、青ねぎをのせ、混ぜ合わせたAをかける。

牛すじ肉のゆで方

材料と作り方（作りやすい分量）

牛すじ肉 — 500g
A 長ねぎの青い部分 — 1本分
　しょうが（薄切り）、にんにく（半分に切る）— 各1かけ
　酒 — ½カップ

1 鍋にたっぷりの湯を沸かし、牛すじ肉を入れて2分ほどゆで、水にとって洗い、4〜5cm長さに切る。

2 別の鍋に牛すじ肉、A、かぶるくらいの水を入れて火にかけ、煮立ったら弱めの中火で1時間〜1時間30分ゆでる。

保存法／保存容器に入れて、冷蔵庫で4〜5日間、冷蔵庫で1ヵ月保存可能。

甘い卵焼き

呑んでいると時々
無性に食べたくなるのが甘い卵焼き。
箸休め的なホッとする味です。

材料と作り方(2人分)

A | だし — 大さじ4
　| 砂糖 — 大さじ1½
　| しょうゆ — 小さじ1
卵 — 3個
サラダ油 — 適量

1 ボウルにAを入れて混ぜ、卵を加えて溶きほぐす。

2 卵焼き器にサラダ油小さじ⅓を塗って中火で熱し、1の¼量を流し入れて広げ、表面までほぼ火が通るまで焼き、向こう側から手前にむけて巻く。

3 卵焼きを向こう側に寄せ、サラダ油小さじ⅓を塗り、1の残りの⅓量を流し入れて広げて(卵焼きを持ち上げて下にも入れる)、表面までほぼ火が通るまで焼く。同様にあと2回くり返す。

4 3を食べやすく切って器に盛る。

甘長唐辛子としらすの卵焼き

京野菜の甘長唐辛子は、
ほとんど辛みはありませんが、
独特の青い風味がお酒によく合います。

材料と作り方(2人分)

甘長唐辛子 — 3本
A | だし — 大さじ4
　| 塩 — 小さじ⅕
しらす干し — 大さじ3
卵 — 3個
サラダ油 — 適量

1 甘長唐辛子は小口切りにする。

2 ボウルにAを混ぜ合わせ、卵を加えて溶きほぐし、甘長唐辛子、しらす干しを加えて混ぜる。

3 甘い卵焼き(上記参照)の作り方2〜4と同様にする。

天王寺かぶと油揚げの煮物

関西ではおなじみの大きなかぶに
油揚げのコクを含ませます。
とろけるようなやわらかさが絶品です。

材料と作り方（２人分）

天王寺かぶ ── ½個（500g）
かぶの葉 ── 少々
油揚げ ── １枚
だし ── ２カップ
A ｜ しょうゆ、みりん ── 各小さじ１
　 ｜ 塩 ── 小さじ½

1　天王寺かぶは皮をむいてくし形に切る。

2　鍋に熱湯を沸かし、かぶを５〜６分ゆでてざるに上げる。続けてかぶの葉をさっとゆでて冷水にとり、水気を絞って４cm長さに切る。最後に油揚げを入れて１分ほどゆでて油ぬきし、４等分に切る。

3　鍋にだし、かぶ、油揚げを入れて中火にかけ、煮立ったら５分ほど煮てAを加え、弱火で15〜20分ほど煮る。最後にかぶの葉を加えて火を止める。

天王寺かぶは大阪・天王寺付近で生まれたかぶ。直径が15cm以上ある大かぶで、葉も根もやわらかく緻密で、アクが少なく甘みがあります。

かきの殻ごと蒸し

夫の故郷、広島で覚えた蒸し物です。電子レンジで手軽に作れます。みじん切りのすだちと大根でシンプルに味わって。

材料と作り方(２人分)

殻付きかき ― 大４個(800ｇ)

A ｜ 辛味大根または
　大根(みじん切り) ― 大さじ２
　すだち(種を除いてみじん切り)
　― ½個

1　かきは殻をよく洗い、耐熱皿にのせ、ラップをせずに電子レンジで殻が少し開くまで６～７分ほど加熱する。ナイフを差し込んで殻をあけ、混ぜ合わせたAをのせる。

いんげんのきんぴら

ささがきのように切ったいんげんは、味のからみがよくて、細切りのにんじんとのバランスが絶妙。

材料と作り方（２人分）

いんげん — 150g
にんじん — ⅓本
A | 酒 — 小さじ2
　| しょうゆ — 大さじ1
　| 砂糖 — 小さじ1
サラダ油 — 大さじ½
いり金ごま — 少々

1　いんげんはささがきの要領で、回しながら包丁で斜めそぎ切りにする。にんじんは3〜4cm長さの細切りにする。

2　フライパンにサラダ油を熱し、いんげん、にんじんを入れて炒め、しんなりしたらAを加えて汁気がなくなるまでいりつける。器に盛り、金ごまをのせる。

れんこんのきんぴら

コリッとした歯ざわりを楽しめるのがお気に入り。棒状でつまみやすいのもうれしい。

材料と作り方（２人分）

れんこん — 1節
A | 酒、しょうゆ、水
　| 　— 各大さじ1
　| 砂糖、みりん — 各大さじ½
ごま油 — 大さじ½
赤唐辛子（小口切り） — 1本

1　れんこんは1cm角、4〜5cm長さの棒状に切る。

2　フライパンにごま油、赤唐辛子を入れて中火で熱し、れんこんを入れて透き通るまで炒め、Aを加えて弱めの中火で汁気がなくなるまでいりつける。

鶏のから揚げ柚子風味

すっきり大人っぽい味だと思ったら、柚子と練り辛子が隠し味でした。
好みで練り辛子をつけると、よりお酒がすすむ味に。

材料と作り方（2人分）

鶏もも肉 — 1枚

A
- 柚子またはレモンの搾り汁 — 大さじ1
- 酒 — 大さじ½
- 練り辛子、しょうゆ — 各大さじ1
- ごま油 — 小さじ1
- 塩 — 小さじ⅕

B
- 片栗粉、小麦粉 — 各大さじ2

揚げ油、練り辛子 — 各適量

1 鶏肉は一口大に切り、Aをもみ込んで冷蔵庫で2時間以上おく。

2 鶏肉の汁気をふき取り、混ぜ合わせたBをまぶし、余分な粉を払う。

3 揚げ油を170℃に熱し、2を入れて4分ほど揚げ、200℃に上げて2分ほど揚げる。

4 器に3を盛り、練り辛子を添える。

いかメンチ

青森の居酒屋で食べて、
いかの味が口いっぱいに広がるおいしさに
感動した一品。玉ねぎと
にんじんの甘みがいいバランスです。

材料と作り方(2人分)

するめいか ── 1ぱい(正味200g)
玉ねぎ ── ½個
にんじん ── ⅓本
A ｜ 溶き卵 ── ½個分
　｜ 酒 ── 大さじ½
　｜ 砂糖 ── 小さじ1
　｜ 塩 ── 小さじ⅓
　｜ こしょう ── 少々
小麦粉 ── 大さじ3
サラダ油 ── 大さじ4
青じそ ── 2枚

1 いかは軟骨、ワタなどを除いて胴と足に分け、洗って足の先端を少し切る。胴はみじん切り、足は7～8㎜長さに切る。玉ねぎ、にんじんはみじん切りにする。

2 フードプロセッサーにいかの胴を入れて粘りが出るまで撹拌し、Aを加えてさらに撹拌する。いかの足、玉ねぎ、にんじん、小麦粉を加えて全体がなじむ程度に撹拌し、4～6等分して円形にまとめる。

3 フライパンにサラダ油を熱し、2を入れて両面をこんがり揚げ焼きにする。

4 器に青じそを敷いて3を盛る。

牛ステーキ　たくあんソース

だしで煮たたくあんをたっぷりのせた、
酒好きのツボを心得た料理と
感心したことを覚えています。
つけ合わせの貝割れ大根の辛みが
口直しの役目にもなっています。

材料と作り方（2人分）

牛ステーキ用肉 — 2枚（200g）
塩、こしょう — 各少々
A　たくあん — 50g
　　だし — ⅓カップ
　　赤唐辛子（半分に切る）— 1本
B　だし — 大さじ2
　　みりん — 大さじ1
　　酢 — 小さじ1
　　しょうゆ — 小さじ½
オリーブオイル — 大さじ1
貝割れ大根（長さを半分に切る）
　— ½パック

1　牛肉は常温に30分ほどおいておく。たくあんは1cm厚さのいちょう切りにする。

2　小鍋にAを入れ、ふたをして弱火で10分ほど煮る。フードプロセッサーに移し入れ、Bを加えてたくあんが細かくなるまで攪拌する。

3　牛肉に塩、こしょうをふる。フライパンにオリーブオイルを中火で熱し、牛肉を入れて両面をこんがり焼いて好みの加減に火を通し、取り出す。

4　フライパンの油をさっとふき、2を入れて煮立てる。

5　牛肉を食べやすく切って器に盛り、4をかけ、貝割れ大根を添える。

メンチカツ

高温・中温と温度を変えて。表面を固めてから
じっくり火を通すことで、外はカリッと、中は肉汁あふれる仕上がりに。

材料と作り方(作りやすい分量)

合いびき肉 — 300g
玉ねぎ — 1個
サラダ油 — 大さじ1
A | 塩、しょうゆ — 各小さじ1
　| こしょう — 少々
小麦粉、溶き卵、パン粉、揚げ油 — 各適量
レモン(くし形切り) — ½個

1 玉ねぎは粗みじん切りにする。

2 フライパンにサラダ油を熱し、玉ねぎを入れて透き通るまで炒め、冷ます。

3 ボウルにひき肉、A、2を入れてよく練り、8等分して空気を抜き、俵形にまとめ、小麦粉、溶き卵、パン粉の順に衣をつける。

4 揚げ油を180℃に熱し、3を入れて色づくまで揚げ、160℃にして5分ほど揚げる。

5 器に4を盛り、レモンを添える。

四章
秋のおつまみ

旬を迎える根菜を
ここぞとばかりに楽しむ時季です。
相性のよいきのこをたっぷり使うのが私流。
冬にむかって太りがちになるので
食物繊維をたっぷりとり
おいしく呑みながら、
おなかすっきりも目指します。

月と夜風に酔いしれて

十五夜には、庭の小さなテーブルに
すすきを飾り、
お団子や衣かつぎをお供えするのが
わが家の恒例行事。さえざえとした月の明かりを
眺めながら、月を模したおつまみで一献。
ほんのわずかな時間ですが、
日ごろのあわただしさも忘れて、
気持ちがすーっと落ち着くひと時です。
ぬる燗にした日本酒とひんやりした夜風が
明日への元気を与えてくれます。

衣かつぎ

蒸した小芋は、むっちりとして
素朴な香りもごちそうです。

材料と作り方（2人分）

里芋（小芋）5個は上下を少し切り落とし、蒸気の上がった蒸し器に入れてやわらかくなるまで15分ほど蒸す。全体に塩小さじ⅓をふり、上面にいり黒ごま少々をのせる。

卵黄のしょうゆ漬け

濃厚なコクを少しずつ味わって。
しょうゆに漬けた状態で
1週間ほど冷蔵庫で保存できます。

材料と作り方（作りやすい分量）

しょうゆ大さじ3、みりん大さじ1を小さい保存容器に入れ、卵黄5～6個を入れて冷蔵庫で1日おく。

秋晴れの日は、庭で大人のBBQを楽しみます

夏は暑さと日焼けが怖くて、BBQはできません（笑）。秋になると待ってましたとばかりに炭をおこします。そんなにたくさん食べるわけではないので、牛のかたまり肉を奮発。きのこと一緒に、ビールがすすむソースでいただきます。

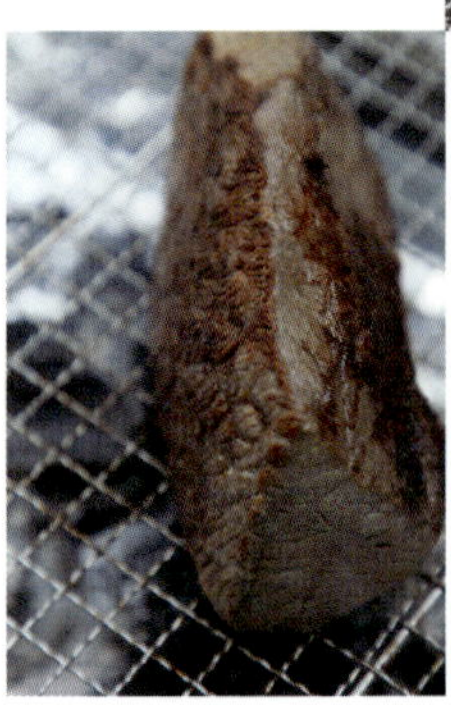

牛肉の和風シュラスコ

玉ねぎとレモンでマリネした牛肉は、やわらかくてジューシー。香味野菜たっぷりのしょうゆ味のソースでいただきます。

材料と作り方（作りやすい分量）

牛ももかたまり肉 ── 400g

A
- 玉ねぎ（薄切り）── ¼個
- レモン（薄切り）── ½個
- 塩 ── 大さじ1½
- 水 ── 2½カップ

B
- トマト（みじん切り）── 1個
- みょうが（みじん切り）── 2本
- 青じそ（みじん切り）── 10枚
- しょうが（みじん切り）── 1かけ
- 赤唐辛子（みじん切り）── 1本
- しょうゆ ── 小さじ1
- 塩 ── 小さじ⅕

1 ポリ袋にAを混ぜ合わせ、牛肉を入れ、空気を抜いて口を縛り、冷蔵庫で一晩〜二晩おく。

2 炭火に網をのせ、水気をふき取った牛肉をのせ、全体に焼き色がつくまで30分ほど焼く。250℃に熱したオーブンで15〜20分ほど焼いてもよい。

3 2を食べやすく切り、混ぜ合わせたBを添える。

きのこの炭火焼き

柚子の搾り汁入りのタレで仕上げた、深みのある味が自慢です。

材料と作り方（2人分）

しいたけ、しめじ ── 合わせて300g

酒 ── 大さじ1

A
- だし、柚子の搾り汁 ── 各大さじ2
- みりん、しょうゆ ── 各大さじ½
- 塩 ── 小さじ½

青柚子（くし形切り）── ½個

1 しめじは小房に分け、二重にしたアルミ箔にのせて酒をふり、包む。

2 小鍋にAを入れて煮立て、火を止める。

3 炭火に網をのせ、しいたけ、1をのせ、きのこから少し水分が出るまで焼き、しめじ、しいたけに2をかける。青柚子を添える。

さんまを開いてワタも香ばしく焼いた、つまみにぴったりのおつな味。250℃に熱したオーブンで焼いてもOKです。

さんまのワタ焼き

材料と作り方（2人分）

さんま ── 2尾
塩 ── 小さじ½
酒 ── 小さじ2
大根おろし ── ½カップ
すだち ── 1個
しょうゆ（好みで） ── 少々

1　さんまは頭を落とし、背側から包丁を入れて開き、両面に塩をふって10分ほどおき、水気をふき取って酒をふる。

2　グリルにさんまを入れて10〜15分焼く。

3　器に2を盛り、好みで大根おろしにしょうゆをかけ、すだちを添える。

黄菊の華やかな香りが、日本酒をよりふくよかな味わいに変えていきます。

なめこと菊のあえ物

材料と作り方（2人分）

なめこ ── 1袋
食用菊（黄） ── 40g
がごめ昆布（はさみで細かく刻む）
酢 ── 小さじ1
だし ── ½カップ
A｜しょうゆ ── 小さじ1
　｜塩 ── 小さじ⅓

1　菊は花びらを摘む。鍋にたっぷりの湯を沸かして塩、酢各少々（分量外）を入れ、花びらを入れてざっと混ぜ、水にとり、水気を絞る。酢をまぶす。

2　別の鍋にだし、がごめ昆布を入れて10分ほどおく。

3　2にAを加えて火にかけ、煮立ったらなめこを加えてひと煮立ちさせ、冷ます。

4　3に1を加えてあえる。

貝みそ焼き

青森の居酒屋で教わりました。卵とみそが一体になるように混ぜてとろりと仕上げます。地元では具なしで作ることもあるそうです。

材料と作り方（2人分）

帆立て貝柱 ── 2個
酒 ── 小さじ1
A｜だし ── ½カップ
　｜みそ ── 大さじ1⅓
溶き卵 ── 2個分
三つ葉 ── 少々

1　帆立ては4〜6等分に切って酒をふる。

2　帆立ての貝殻または直火可の耐熱皿にAを入れて混ぜ、中火にかけて煮立ったら1を加える。再び煮立ったら卵を回し入れ、混ぜながら半熟状に火を通す。そのまま触らずに九分通り火が通るまで煮て、三つ葉をのせる。

自家製燻製は、意外にかんたん。
また作りたくなる
ハマる味です

サーモンのスモーク

とろけるような味わいが絶品。
鍋はアルミ箔で覆って
匂い移りを防ぎます。

材料と作り方(作りやすい分量)

サーモン(刺身用・さく) ── 200g

A | 塩 ── 大さじ½
  | 砂糖 ── 小さじ½

1 サーモンはAをまぶしてラップで包み、冷蔵庫で一晩おく。さっと洗い、水気をふき取る。

2 深いフライパンにアルミ箔を敷き、混ぜ合わせたスモーク材を平らに敷き、網をのせ、アルミ箔で覆ったふたをして中火にかける。煙が出てきたら1をのせ、6〜7分いぶして火を止め、そのまま粗熱が取れるまでおく。

スモーク材

材料(1回分)

紅茶の葉、米 ── 各大さじ2

ざらめまたは砂糖 ── 小さじ2

ローリエ ── 1枚

ローズマリー ── 2枚

ささ身のスモーク

余熱で火を通すので、ささ身もしっとり。

材料と作り方(作りやすい分量)

鶏ささ身 ── 4本

A | 塩 ── 小さじ1
  | 水 ── ½カップ

スモーク材(上記参照)

1 ポリ袋にAを混ぜ合わせ、鶏肉を入れて空気を抜いて口を縛り、冷蔵庫で一晩おき、水気をふき取る。

2 サーモンのスモークの作り方2と同様にする。

味つけ卵のスモーク

ひと手間かけて、味つけ卵を燻製に。

材料と作り方(作りやすい分量)

ゆで卵(殻をむく) ── 4個

A | だし ── ½カップ
  | しょうゆ、みりん
  | ── 各大さじ2

スモーク材(上記参照)

1 ポリ袋にAを混ぜ合わせ、ゆで卵を入れて空気を抜いて口を縛り、冷蔵庫で一晩おき、水気をふき取る。

2 サーモンのスモークの作り方2と同様にする。

チーズちくわのスモーク

ビールのおつまみに、最高です。

材料と作り方(作りやすい分量)

ちくわ ── 2本

プロセスチーズ ── 40g

スモーク材(上記参照)

1 ちくわは縦半分に切り、長さを半分に切る。チーズはちくわの長さに合わせて棒状に切り、ちくわのくぼみにのせる。

2 サーモンのスモークの作り方2と同様にする。

れんこんチップサラダ

れんこんは塩水につけて下味をつけておきます。
低温でじっくり、カリッと揚げるのが
おいしさの決め手です。

材料と作り方（２人分）

れんこん ─ 1節
A｜塩 ─ 大さじ½
　｜水 ─ 1¼カップ
長ねぎ ─ ¼本
水菜 ─ 100ｇ
B｜酢 ─ 大さじ1
　｜練り辛子、砂糖 ─ 各小さじ½
　｜塩、しょうゆ ─ 各小さじ⅓
　｜ごま油 ─ 少々
揚げ油 ─ 適量

1　れんこんは薄切りにして水で洗い、混ぜ合わせたAに30分ほど浸し、しっかり水気をふき取る。長ねぎは縦半分に切り、斜め薄切りにして水にさらし、水気をきる。水菜は4～5㎝長さに切る。

2　揚げ油を160℃に熱し、れんこんを入れてきつね色になり、泡が出なくなるまでカリッと揚げる。

3　長ねぎ、水菜を混ぜ合わせて器に盛り、2をのせ、混ぜ合わせたBをかける。

きのこの土瓶蒸し

きのこの魅力を味わい尽くすなら
これがいちばん。
好みのきのこでかまいませんが、
まいたけは汁が黒っぽくなります。

材料と作り方（2人分）

松茸（または好みのきのこ）── 50g
えび ── 4尾
ぎんなん ── 6粒
A | だし ── 1½カップ
　| 酒 ── 小さじ½
　| 塩、しょうゆ ── 各小さじ⅓
青柚子（くし形切り）── ¼個

1　松茸は長さを2〜3等分に切り、6〜8等分に縦に裂く。えびは背ワタを除き、尾と殻を1節残して殻をむく。ぎんなんは殻を除いてゆで、薄皮をむく。

2　小鍋にAを入れて火にかけ、温める。

3　耐熱の器に1を等分に入れ、2を注ぎ、ふたかアルミ箔で覆い、蒸し器で10分ほど蒸す。青柚子を添える。

鶏肉と栗のうま煮

ほっくりした栗に骨付き肉のうまみがしみて、
これぞ秋の醍醐味。
汁気がなくなるまでしっかりからめてください。

材料と作り方（２人分）

鶏手羽先 ── ６本
A｜酒、しょうゆ ── 各小さじ½
栗 ── 小10個
れんこん ── 小１節
ぎんなん ── 10粒
B｜しょうがの搾り汁 ── 大さじ½
　｜酒 ── 大さじ２
　｜砂糖、しょうゆ ── 各大さじ１
　｜塩 ── 小さじ¼
　｜水 ── １カップ
サラダ油 ── 大さじ½

1　鶏肉は包丁で関節から２つに切り分け、手羽中は骨に沿って切り込みを入れ、Aをからめる。栗は熱湯で５分ほどゆで、そのまま粗熱が取れるまでおき、鬼皮と渋皮をむく。れんこんは一口大の乱切りにする。ぎんなんは殻を除き、ゆでて薄皮をむく。

2　フライパンにサラダ油を熱し、手羽中、手羽先の順に入れてこんがりと焼き、れんこん、栗を加えて全体に油が回るまで炒める。

3　２にBを加え、ふたをして中火で煮汁が少なくなるまで20〜25分煮て、ぎんなんを加えてさっと混ぜる。

うにいも

鮮度のよいうにが手に入ったときのお楽しみです。
濃厚なので、ちょっとで満足できます。

材料と作り方(2人分)

大和いも — 100g
うに(刺身用) — 40g
刻みのり、わさび(すりおろす) — 各少々
しょうゆ — 小さじ1

1 大和いもは包丁で細かくたたく。
2 器に大和いも、うにを盛り、のり、わさびをのせ、しょうゆをかける。

さつまいものクリームコロッケ

ほんのり甘いさつまいものマッシュに、
まいたけと生クリームを混ぜたリッチな味。
冷やした白ワインにもよく合います。

材料と作り方(作りやすい分量)

さつまいも — 小1本(100g)
まいたけ — $\frac{1}{2}$パック
オリーブオイル — 小さじ1
塩、こしょう — 各適量
生クリーム — $\frac{1}{2}$カップ
小麦粉、溶き卵、パン粉、揚げ油 — 各適量

1 さつまいもは皮付きのまま1cm厚さの輪切りにし、水にさらし、水気をきる。まいたけは粗みじん切りにする。
2 鍋にさつまいも、たっぷりの水、塩少々を入れて火にかけ、煮立ったら火を弱めてやわらかくなるまで15分ほどゆでる。
3 フライパンにオリーブオイルを中火で熱し、まいたけを入れてしんなりするまで炒め、塩、こしょう各少々を加える。
4 2の湯を捨て、さつまいもをフォークなどでなめらかになるまでつぶし、3、塩小さじ$\frac{1}{3}$、こしょう少々、生クリームを加えて混ぜ、冷ます。やわらかいときは冷凍庫に15分入れる。
5 4を6等分して俵形にして小麦粉、溶き卵、パン粉の順に衣をつけ、180℃に熱した揚げ油で2分ほど揚げる。

鶏肉ときのこの朴葉焼き風

鶏肉を加えて食べごたえを出した
朴葉焼きのアレンジです。
朴葉の代わりに昆布を使って
じんわりうまみを移します。

材料と作り方（２人分）

鶏もも肉 ── ½枚
酒 ── 小さじ１
しめじ ── １パック
長ねぎ ── ¼本
くるみ ── 20g
A　赤みそまたはみそ ── 40g
　酒 ── 大さじ１
　みりん ── 小さじ１
昆布（だしを取ったあとのもの） ── 20cm
削り節 ── ２袋（６g）
七味唐辛子 ── 適量

1　鶏肉は耐熱皿に入れて酒をふり、ラップをして電子レンジで２分ほど加熱し、そのまま冷まし、薄切りにする。

2　しめじはほぐし、長ねぎは小口切りにする。くるみはフライパンで香ばしくなるまで乾煎りし、粗く刻む。

3　ボウルにAを入れて混ぜ、削り節、1、2を加えて混ぜる。

4　昆布はさっとぬらし、3をのせ、焼き網にのせて中火で７～８分焼く。器に盛り、七味唐辛子をふる。

明太ポテトのいが揚げ

明太子の辛みとほどよい塩気が
なめらかなじゃがいもにマッチします。
中にしのばせたチーズで食べごたえも満点です。

材料と作り方（2人分）

じゃがいも ── 2個

A｜辛子明太子（薄皮を除く）── 小1腹
　｜酒 ── 大さじ½

プロセスチーズ ── 50g

小麦粉、溶き卵、揚げ油 ── 各適量

1　じゃがいもは皮をむき、1個は8等分に切って水で洗い、水気をきる。もう1個はスライサーで細切りにし、水にさらし、水気をしっかりふき取る。チーズは6等分の棒状に切る。

2　鍋に8等分に切ったじゃがいも、たっぷりの水を入れて火にかけ、煮立ったら火を弱めてやわらかくゆでる。湯を捨て、フォークでなめらかになるまでつぶし、混ぜ合わせたAを加えて混ぜる。

3　2の⅙量を楕円形にして中央にチーズをのせ、空気を抜いて包む。残りも同様に計6個作り、小麦粉、溶き卵で衣をつけ、細切りにしたじゃがいもをまぶしつける。

4　揚げ油を170℃に熱し、3を入れてカリッとなるまで4〜5分揚げる。

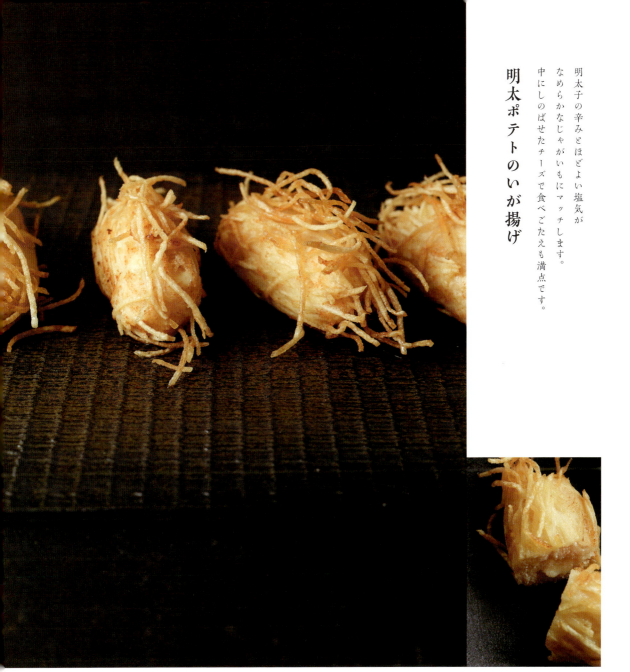

れんこんのすり身揚げ　甘酢あん

れんこんのはさみ揚げを、白身魚のすり身で上品に仕上げました。
すっきりした甘さのあんなので、お酒の邪魔になりません。

材料と作り方（2人分）

白身魚のすり身 ― 100g
れんこん ― 1節

A
- 酒 ― 大さじ½
- 塩 ― 少々
- 玉ねぎ（みじん切り） ― ⅛個
- 片栗粉 ― 小さじ½

B
- 赤唐辛子（小口切り） ― 1本
- 砂糖、しょうゆ、酢 ― 各大さじ1
- 片栗粉 ― 小さじ1
- 水 ― ½カップ

揚げ油 ― 適量

1 ボウルにすり身を入れ、Aを順に加えてその都度ヘラですり混ぜる。

2 れんこんは12枚の輪切りにし、片栗粉（分量外）を薄くまぶし、1枚に1の⅙量をのせ、もう1枚ではさみ、押さえてしっかりくっつける。同様に計6個作る。

3 揚げ油を170℃に熱し、2を入れて3〜4分こんがりと揚げる。

4 小鍋にBを入れて中火にかけ、混ぜながら煮立たせ、とろみをつけ、3を加えてさっとからめる。

五章
四季折々 作り続けたい おつまみ

同じ料理でも、素材を四季折々の旬の食材に代えることで、味わいはもちろん彩りなどの見た目の変化も楽しめます。

特に気に入っているおでん、白あえ、サラダをご紹介します。

合わせるお酒も日本酒やワイン、ビールなどいろいろ試して、自分好みの組み合わせを見つけるのも楽しいものです。

おでん春夏秋冬
旬の素材をご当地の味で

全国の居酒屋をめぐって、
おでんとはこれほど具材も味も様々なのかと
感じ入った個性派をご紹介します。
冬のものというイメージですが、
おかず兼用のおつまみとして
四季を通して楽しめると思います。

春
金沢風おでん

材料と作り方（4人分）

かんぴょう — 20cm×12本
ふき — 2本
キャベツ — 大4枚
サラダ油 — 適量
さつま揚げ — 小4枚
合いびき肉 — 200g
玉ねぎ（みじん切り）— ½個
しょうが（みじん切り）— 1かけ
A | 酒、水 — 各½カップ
大和いも — 80g
B | だし — 大さじ6
　砂糖 — 大さじ2
　しょうゆ — 小さじ½
　塩 — 小さじ¼
卵 — 4個
C | だし — 6カップ
　酒、薄口しょうゆ — 各大さじ1
　塩 — 大さじ½

1 かんぴょうは塩少々（分量外）でもみ、さらにもみながら洗う。ふきは鍋に入る長さに切り、塩少々（分量外）をふって板ずりし、熱湯でさっとゆでる。水にとって皮をむき、6～7cm長さに切り、3～4本ずつかんぴょうで結ぶ。

2 キャベツは熱湯でさっとゆで、葉脈をたたいて平らにする。ゆで汁は取っておく。

3 鍋にサラダ油小さじ1を中火で熱し、玉ねぎ、しょうがを入れてしんなりするまで炒め、ひき肉を加えて色が変わるまで炒め、塩、こしょう少々（分量外）、Aを加え、ふたをして汁気がなくなるまで煮て冷ます。

4 キャベツを1枚ずつ広げ、3を等分にのせ、手前から両端を折り込みながら巻き、かんぴょうで結ぶ。残りも同様に計4個作る。

5 大和いもをすりおろし、混ぜ合わせたBを少しずつ加えて混ぜ、卵を1個ずつ加えてなめらかになるまで混ぜる。

6 卵焼き器にサラダ油を薄く塗って中火で熱し、5の⅙量を流し入れて広げ、表面までほぼ火が通るまで焼き、向こう側から手前にむけて巻く。卵焼きを向こう側に寄せ、サラダ油を薄く塗り、5の残りの⅕量を流し入れて広げて（卵焼きを持ち上げて下にも入れる）、表面までほぼ火が通るまで焼く。同様にあと4回くり返す。

7 鍋にC、4を入れて火にかけ、煮立ったらアクを除き、弱火で30分ほど煮る。1のふきを加え、20分ほど煮て、さつま揚げ、食べやすく切った6を加え、5～6分煮る。

はる

夏

冷やしおでん

すっと汗がひくような、お酒でほてった体にうれしい一品。
だしを含んだ野菜のおいしさが沁みていきます。

材料と作り方（4人分）

冬瓜 — 600g
オクラ — 8本
トマト — 小4個
ごぼう巻きまたは好みの練り物 — 4本
うずらの卵 — 8個
A │ だし — 6カップ
　│ 酒 — 大さじ2
　│ みりん — 大さじ1
　│ 塩、しょうゆ — 各小さじ2

1 冬瓜は種とワタを除いて4cm角に切り、皮をむく。鍋に湯を沸かし、冬瓜を入れて5～6分ゆでてざるに上げ、次にオクラをさっとゆでてざるに上げる。トマトを入れて皮がはじけたら水にとって皮をむく。最後にごぼう巻きを入れて油ぬきする。

2 うずらの卵は常温に戻し鍋に入れる。卵がかぶるくらいの水を入れて火にかけ、沸騰したら2分ほどゆで、冷水にとって殻をむく。

3 別の鍋にA、冬瓜を入れて火にかけ、煮立ったら中火でやわらかくなるまで15～20分煮る。ごぼう巻きを加えて弱火で5分ほど煮て火を止め、粗熱を取り、トマト、オクラ、うずらの卵を加えて冷まし、冷蔵庫で2時間ほど冷やす。

秋

しょうがみそおでん

しょうがの辛みが効いた、お酒のすすむ青森のおでんです。
しょうがみそは冷蔵庫で1週間ほど保存できます。

材料と作り方（4人分）

大根 ── ⅓本
こんにゃく ── 1枚
ゆで細たけ（または姫だけ、笹だけなど） ── 8本
ちくわ ── 2本

A | 煮干しだし ── 6カップ
　| みりん ── 大さじ1
　| 塩 ── 小さじ1
　| しょうゆ ── 小さじ1

B | しょうが（すりおろす） ── 大さじ1
　| みそ ── 50g
　| 酒、水 ── 各大さじ1
　| みりん ── 大さじ½

1 大根は2cm厚さの輪切りにする。こんにゃくは4等分に切り、塩少々（分量外）でもむ。ちくわは長さを半分に切る。

2 鍋にたっぷりの米のとぎ汁または水を入れ、大根を入れて6〜7分ゆで、水で洗って水気をきる。別の鍋に湯を沸かし、細たけをさっとゆでて取り出す。続けてこんにゃくを入れて2分ほどゆでる。

3 別の鍋にA、大根、こんにゃく、細たけを入れて火にかけ、煮立ったら弱火にして50分〜1時間煮て、ちくわを加え、5〜6分煮る。

4 小鍋にBを入れて混ぜ、火にかけ、煮立ったら弱火で2〜3分煮る。

5 器に3を盛り、4を好みの量かける。

冬

静岡風おでん

静岡名物黒はんぺん入りのおでんは、粉がつおと青のりをたっぷりかけて。
どこか懐かしい味にお酒もすすみます。

材料と作り方（4人分）

牛すじ肉（ゆでたもの・
　ゆで方は p.45参照） ── 200g
結びしらたき ── 8個
結び昆布 ── 12個
黒はんぺんまたはさつま揚げ ── 4枚
なると ── 2本

A | 牛すじ肉のゆで汁またはだし ── ½カップ
　| 酒、しょうゆ ── 各大さじ1
　| 砂糖 ── 大さじ½

B | だし ── 6カップ
　| しょうゆ ── 大さじ4
　| 酒 ── 大さじ2
　| みりん ── 大さじ1

C | 粉がつお、青のり粉 ── 各適量

練り辛子 ── 適量

1 牛すじ肉は一口大に切って4等分にし、竹串で刺す。鍋に牛すじ肉、Aを入れて火にかけ、煮立ったら中火にして10分ほど煮る。

2 しらたきは熱湯で1分ほどゆでてざるに上げる。昆布はさっと洗ってひたひたの水に10分ほどつけて戻す。なるとは斜め半分に切る。それぞれ竹串を刺す。

3 別の鍋にBを入れて火にかけ、煮立ったら1を汁ごと加え、2も加えて弱火で50分〜1時間煮る。

4 器に3を盛り、混ぜ合わせたCをかけ、練り辛子を添える。

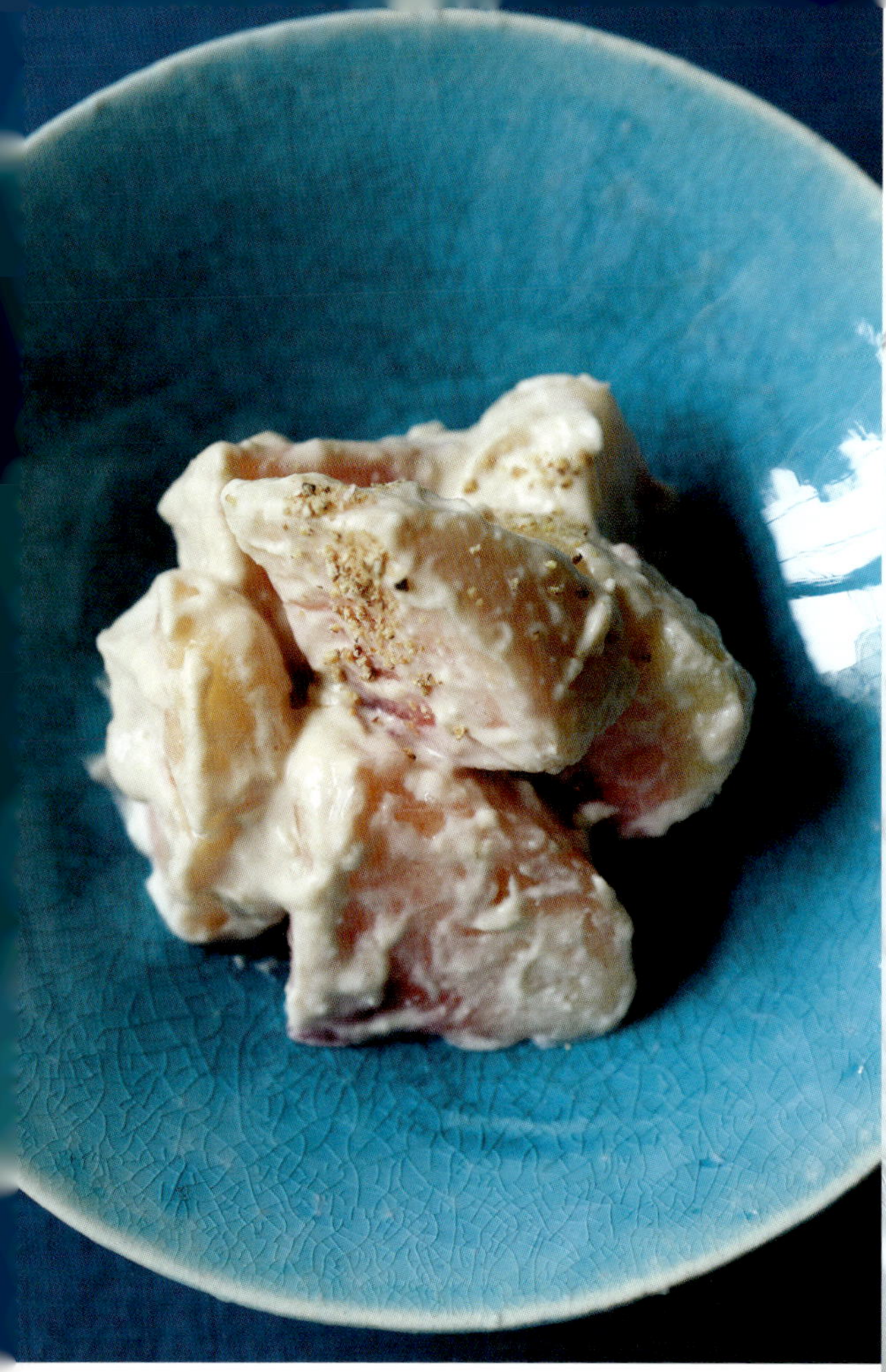

季節を映す、くだものの白あえ

行きつけの店で、旬のくだものを白あえにして出してくれるのですが、季節に合わせて、あえ衣を微妙に変えているのがさすがです。日本酒はもちろん白ワインにもよく合います。

春

いちごの白あえ

酒粕を加えたあえ衣の芳醇な風味が絶品です。

材料と作り方（２人分）

いちご — 150g

A｜砂糖、酢 — 各少々

木綿豆腐（水気を軽くきる）　50g

B｜白みそ — 大さじ2
　｜酒粕 — 大さじ1
　｜クリームチーズ — 20g

1　いちごは4〜6等分のくし形に切ってAをからめる。

2　豆腐はペーパータオルで包んで10分ほどおいて水気をきる。すり鉢に入れ、Bを順に加えてその都度よくすり混ぜる（またはフードプロセッサーに豆腐を入れ、Bを加えてなめらかになるまで撹拌する）。

3　2に1を加えてあえる。

夏

桃の白あえ

レモンと砂糖をからめてから白あえに。

材料と作り方（２人分）

桃 — ½個

A｜レモンの搾り汁 — 大さじ½
　｜砂糖 — 小さじ¼

木綿豆腐 — 50g

B｜練り白ごま — 大さじ1
　｜砂糖 — 小さじ1
　｜塩 — 小さじ⅙

粗びき白こしょう — 少々

1　桃は一口大に切ってAをからめる。

2　いちごの白あえの作り方2、3と同様にし、器に盛って粗びき白こしょうをふる。

冬

りんごの白あえ

白みそとはちみつで、まろやかな甘みに仕上げます。

材料と作り方（2人分）

りんご ― ½個

A　塩 ― 小さじ½
　　水 ― ½カップ

木綿豆腐 ― 100g

B　酒粕 ― 小さじ2
　　白みそ、はちみつ ― 各小さじ1
　　塩 ― 小さじ⅙

1　りんごは飾り用に皮付きのまま少量取り分け、5㎜角に切る。残りは皮をむいて5㎜厚さのいちょう切りにする。ともに混ぜ合わせたAに5分ほど浸し、水気をきる。

2　いちごの白あえの作り方2、3と同様にし、器に盛って飾り用のりんごを散らす。

秋

柿の白あえ

練りごまを多めに、ぽってりとコクをもたせます。

材料と作り方（2人分）

柿 ― 1個

A　酢 ― 小さじ1
　　塩 ― 少々

木綿豆腐 ― 100g

B　練り白ごま ― 大さじ2
　　砂糖 ― 小さじ1
　　しょうゆ ― 小さじ½
　　塩 ― 少々

いり金ごま ― 少々

1　柿は1.5㎝角に切ってAをからめる。

2　いちごの白あえの作り方2、3と同様にし、器に盛って金ごまを散らす。

ごちそうサラダ、いろいろ

季節の素材の持ち味を最大限に
引き出す絶品サラダを
ご紹介します。
合わせるお酒を選ばないのも
うれしいところ。
おもてなしの一皿にも喜ばれます。

春

山菜が出回ると、必ず作る大好きなサラダです。

山菜とほたるいかの白みそソースサラダ

材料と作り方（2人分）

うるい — 100g
うど — ½本
こごみ — 6本
菜の花 — 6本
ラディッシュ— 3個
ほたるいか（ゆでたもの） — 80g
A | 白みそ — 30g
　| だし — 大さじ2
　| 砂糖 — 小さじ1
　| 塩 — 小さじ⅓
ごま油 — 小さじ½
柚子の搾り汁または酢 — 大さじ1
木の芽 — 適量

1 うるいは3cm長さに切る。うどは5cm長さに切って皮をむき、色紙切りにし、酢水（分量外）にさらして水気をきる。菜の花はゆでて長さを半分に切る。こごみは熱湯でさっとゆで、長さを半分に切り、上部は横半分に切る。ラディッシュは薄い輪切りにする。

2 小鍋にAを入れて火にかけ、煮立ったら弱火でとろりとするまで煮詰める。冷ましてごま油、柚子の搾り汁を加える。

3 器に1、ほたるいか、木の芽を盛り、2をかける。

※うどの皮は捨てずにきんぴらに。
作り方はp.18「うどの皮のきんぴら」参照。

夏

うにと焼きなすのジュレソース

旬の夏野菜の濃厚な味を、和風ジュレが引き立てます。

材料と作り方（２人分）

うに ── 20g
なす ── ２本
オクラ ── ４本
ミニトマト ── ８個

A
- だし ── ¼カップ
- しょうゆ ── 小さじ１

B
- 粉ゼラチン ── 小さじ１
- 酒 ── 小さじ３

C
- だし ── ¾カップ
- しょうゆ ── 小さじ２
- 塩 ── 小さじ½

青柚子の皮（すりおろす） ── 少々

1. なすは焼き網にのせて強火で皮全体がこげるまで焼き、粗熱を取って皮をむき、混ぜ合わせたAに浸す。
2. Bの酒に粉ゼラチンをふり入れてふやかす。
3. 小鍋にCを入れて火にかけ、煮立ったら火を止め、2を加えて溶かし、バットに移し入れ、冷蔵庫で冷やし固める。
4. オクラは熱湯でさっとゆで、斜め半分に切る。
5. 1の汁気をきり、一口大に切り、オクラ、ミニトマト、うにとともに器に盛り、3をくずしてかけ、青柚子の皮を散らす。

秋

春菊と焼きしめさばのサラダ

しめさばはさっとあぶって香りを出すのがコツ。

材料と作り方（２人分）

しめさば ── ½切れ
春菊 ── 150g
紫玉ねぎ ── ¼個

A
- だし、酢 ── 各大さじ２
- 砂糖、しょうゆ ── 各小さじ１
- 練り辛子 ── 小さじ½
- 塩 ── 小さじ⅓

1. しめさばは焼き網かグリルで皮目をさっとあぶり、冷めたら６〜７㎜厚さに切る。
2. 春菊は葉を摘み、軸は斜め薄切りにし、合わせて冷水にさらし、水気をきる。紫玉ねぎは薄切りにし、水にさらし、水気をきる。
3. 器にさば、混ぜ合わせた2を盛り、混ぜ合わせたAをかける。

冬

たこと水菜のサラダ

身がしまり、うまみが凝縮したたこを水菜とさっぱりいただきます。

材料と作り方（２人分）

ゆでだこの足 ── 100g
水菜 ── 150g
A
- 塩昆布 ── 5g
- いり金ごま ── 小さじ1
- レモンの搾り汁、ごま油 ── 各大さじ½
- 塩 ── 少々

1. たこの足は6〜7㎜厚さの薄切りにする。水菜は3㎝長さに切る。
2. ボウルに1を合わせ、Aを加えてあえる。

六章

冬のおつまみ

寒い冬の日のしめくくりは、体が芯から温まるおつまみとお酒が欠かせません。なにかと忙しい時季にもうれしい小鍋と、お正月にぴったりなおつまみは覚えておくと役に立つこと間違いなしです。

気分に合わせて、燗をつけて楽しみます

ふだんは冷酒が多いのですが、
寒さが増してくると、
温かいお酒が恋しくなります。
そんな日は、居酒屋でひとめ惚れした「ちろり」の出番です。
その小粋さに同じものが欲しくなり、
食器店を何軒もまわって見つけたお気に入りです。
燗のつけ方は自己流です。
鍋にたっぷりの湯を沸かしてお酒を入れた
ちろりを浸したら、温まるのを待つだけ。
ぬる燗、熱燗はお好みで。

ちょっとで満足、贅沢小鍋

ひとりきりの晩酌も、実は大の楽しみ。家族には内緒ですが、大好物を奮発して豪勢な晩餐を決めこむことも。手間いらずで素材のおいしさを堪能できる小鍋にして、おいしいお酒と一緒に心ゆくまで味わいます。

ぶりしゃぶ

冬になると、必ず一度は食べる大好物。野菜は、甘みのある白菜やにんじん、えのきがよく合います。

材料と作り方（2人分）

ぶり（刺身用・さく）— 200g
えのきだけ — 1袋
にんじん — ½本
白菜 — 4枚

A　昆布 — 5cm
　　水 — 4カップ

B　酒 — ¼カップ
　　塩 — 小さじ½

C　ポン酢しょうゆ、しょうが（すりおろす）、
　　万能ねぎ（小口切り）— 各適量

1. ぶりはそぎ切りにする。えのきだけはほぐす。にんじんはピーラーでリボン状に削る。白菜は葉と軸に分け、葉はざく切り、軸はそぎ切りにする。
2. 鍋にAを入れて1時間ほどおく。中火にかけ、煮立ったらBを加える。
3. 鍋にえのきだけ、野菜を入れてやわらかくなるまで煮て、ぶりをしゃぶしゃぶにし、好みでCをつけていただく。

牛すき焼き

牛肉と長ねぎだけの
シンプルな大人のすき焼きです。
ねぎは立てて煮ると、中まで味がよくしみます。

材料と作り方(2人分)

牛もも薄切り肉 ── 200g
長ねぎ ── 2本
牛脂 ── 適量
A｜酒、しょうゆ、水
　｜── 各大さじ2
　｜砂糖 ── 大さじ1
　｜みりん ── 大さじ½
温泉卵 ── 2個

1　長ねぎは4cm長さに切る。

2　鍋に牛脂を入れて中火にかけ、とかす。

3　2の鍋の中央に長ねぎを立てて並べ、焼き色がついたら返し、Aを加える。煮立ったら周りに肉を入れ、好みの加減に煮る。器に温泉卵を入れ、つけながらいただく。

白子鍋

かなりいいことがあったときの小鍋です（笑）。
汁は大事にとっておき、
翌朝、お雑炊にするのも楽しみです。

材料と作り方（２人分）

たらの白子 ── 300g
塩 ── 大さじ１
わけぎ ── ３本
A
　だし ── ３カップ
　酒 ── 大さじ２
　みりん、しょうゆ ── 各小さじ１
　塩 ── 小さじ$\frac{2}{3}$

1　白子は水で洗い、塩をふって軽く混ぜ５分ほどおき、水で洗う。ざるに上げ、熱湯をまわしかけ、さっと洗ってすじと膜を取り除く。大きければ食べやすく切る。わけぎは斜め薄切りにする。

2　鍋にAを入れて中火にかけ、煮立ったら白子を入れて３〜４分煮て、わけぎを加えてさっと煮る。

白く透明感のあるものが鮮度のよい良品。薄くピンク色がかっているものは、鮮度が落ちています。

鶏肉となめこのとろろ鍋

ポトン、ポトンと鍋に落として煮たとろろは
ふっくら、もっちりやさしい食感。
鶏のうまみが効いた滋味深い鍋です。

材料と作り方（2人分）

鶏もも肉 ― 1枚

A ｜ 塩 ― 少々
　｜ ごま油、酢 ― 各小さじ1

大和いも ― 150g

B ｜ だし ― 3カップ
　｜ みりん、しょうゆ ― 各大さじ2

なめこ ― 大1パック

七味唐辛子 ― 適量

1 鶏肉は一口大に切ってAを順にもみ込む。大和いもはすりおろす。

2 フライパンを中火で熱し、鶏肉を皮目を下にして入れ、こんがり焼いて返し、さっと焼き、取り出す。

3 鍋にB、2を入れて中火にかけ、煮立ったら3～4分煮る。大和いもをスプーンで一口大ずつ加え、2～3分煮て、なめこを加えてひと煮立ちさせ、火を止め、七味唐辛子をふる。

まぐろとせりの鍋

せりの香りとシャキッとした歯ざわりがまぐろと相性抜群。黒こしょうでピリッと引き締めるのもポイントです。

材料と作り方(2人分)

まぐろ(刺身用・さく) — 200g
せり — 1束
A | だし — 2カップ
　| 酒、しょうゆ、みりん — 各大さじ2
粗びき黒こしょう — 適量

1 まぐろは2cm角に切る。せりは6～7cm長さに切る。

2 鍋にAを入れて中火にかけ、煮立ったらまぐろを入れて少し色が変わるまで煮る。せりを加え、さっと煮て火を止め、粗びき黒こしょうをふる。

鴨鍋

皮目を焼いておくことで、
香ばしさと
脂身の甘みが増します。
堅くならないようレアに焼くのがコツ。

材料と作り方（2人分）

鴨ロース肉 ── 1枚
青ねぎ ── 1束
A｜だし ── 3カップ
｜酒、しょうゆ、みりん ── 各大さじ3
粉山椒 ── 少々

1　鴨肉は皮目に縦5㎜幅に切り込みを入れる。青ねぎは斜め薄切りにし、水にさっとさらし、水気をきる。

2　フライパンを中火で熱し、鴨肉を皮目を下にして入れ、こんがり焼き色がついたら上下を返し、さっと焼いて取り出す。5㎜厚さに切る。

3　鍋にAを入れて中火にかけ、煮立ったら鴨肉、青ねぎ各適量を入れ、好みに火を通し、粉山椒をふって煮ながらいただく。

あんこう鍋

あんこう鍋には、うどを合わせるのが気に入っています。うどはさっといりつけて水気を飛ばすと、最後まで肝の濃厚な味わいが楽しめます。

材料と作り方（2人分）

あんこう（鍋用切り身セット・きも入りのもの）── 500g
塩 ── 大さじ2
うど ── 1本
A | みそ ── 大さじ3
　| 酒 ── 大さじ2
　| しょうが（すりおろす）── 1かけ
だし ── 3カップ

1　あんこうの身ときもに塩をふって5分ほどおき、水で洗う。鍋に熱湯を沸かし、身ときもを入れ、白くなったら水にとり、洗って水気を拭き取る。

2　きもは包丁でペースト状になるまでたたく。うどは5mm厚さの斜め切りにしてから細切りにする。

3　鍋を中火で熱し、うどを入れてしんなりするまでいりつけて取り出す。

4　3の鍋にきもを入れて混ぜながら火を通し、Aを加えて混ぜ、煮立ったらだしを加えてきもをのばす。

5　4にあんこうの身を加え、煮立ったらアクを除き、3～4分煮、うどを戻し入れてひと煮立ちさせる。

お正月料理は、おつまみとしても優秀です

わが家では毎年、おせち料理を作ります。元日に日本酒を少しいただきます。おせちは、おつまみとしても優秀なことに気がつきました。豆皿にちょっとずつ盛ると、お客様にも喜ばれます。

たたきごぼう

ごまは煎り直すと風味よく仕上がります。

材料と作り方（4人分）

ごぼう — 1本
A | だし — 1カップ
　| 塩 — 小さじ⅕
いり白ごま — 大さじ3
B | 酢 — 大さじ1
　| 砂糖、しょうゆ — 各小さじ1

1　ごぼうは鍋に入る長さに切る。白ごまはフライパンに入れ、弱火で香ばしく煎る。

2　鍋にごぼう、たっぷりの水を入れて強火にかけ、煮立ったら中火で10分ほどゆで、ざるに上げる。粗熱が取れたらまな板に並べ、めん棒でたたいてひびを入れ、5〜6cm長さに切る。

3　別の鍋にA、2を入れて中火にかけ、汁気が少し残るくらいまで煮る。

4　すり鉢に白ごまを入れてすり、Bを加えてすり混ぜ、汁気をきった3を加えてあえる。

数の子

しょうがを添えておつまみ感をアップ。

材料と作り方（4人分）

塩数の子 — 6本
A | だし — 1カップ
　| 酒、みりん — 各大さじ1
　| しょうゆ — 大さじ½
しょうが（すりおろす） — 少々

1　数の子はたっぷりの水に5〜6時間浸して塩抜きをする。途中2〜3回水を替える。数の子の水気をきり、布巾などで軽くこすりながら薄皮を除く。

2　バットにAを混ぜ合わせ、数の子を入れ、冷蔵庫で一晩以上漬ける。

3　2の汁気をきって食べやすく切り、器に盛ってしょうがをのせる。

田作り

塩分控えめの食べ飽きない味つけです。

材料と作り方（4人分）

ごまめ — 80g
A | 砂糖、酒 — 各大さじ1½
　| しょうゆ — 小さじ1
けしの実 — 少々

1　フライパンにごまめを入れて弱火にかけ、パリッとするまで乾煎りし、取り出す。

2　1のフライパンの汚れをさっと拭き、Aを入れて中火にかけ、煮立って大きな泡が出てきたらごまめを加えて手早くからめ、火を止める。クッキングシートを敷いたバットに平らに広げ、冷ます。

3　器に2を盛り、けしの実をふる。

あなごの昆布巻き

焼きあなごで
手軽に作ります。

材料と作り方（4人分）

早煮昆布 ― 20cm×12枚
かんぴょう ― 20cm×16本
焼きあなご ― 2本

A | 昆布の戻し汁、水 ― 各2カップ

B | 酒 ― 大さじ3
砂糖 ― 大さじ2
酢 ― 大さじ1

C | みりん ― 大さじ2
しょうゆ ― 大さじ1½

1 昆布は水8カップ（分量外）に10分ほど浸して戻す。戻し汁2カップは取っておき、残りはほかの料理に利用する。かんぴょうは塩少々（分量外）をふってもみ、洗って水気を絞る。あなごは縦半分、長さ半分に切る。

2 昆布3枚を横長に置いて重ね、少しずつずらしながら縦長にする。手前にあなごを等分にのせ、くるくる巻く。かんぴょうで間隔が等分になるように4か所結ぶ。残りも同様に計4本作る。

3 鍋に2を並べ、Aを加えて中火にかけ、煮立ったらBを加え、アクを除いて落としぶたをして弱火で1時間ほど煮る。Cを加え、さらに1時間ほど煮る。

[illegible]やすく切って、器に盛る。

鮭の粕漬け焼き

酒粕に白みそと甘酒を混ぜて、自然な甘みをつけます。
たらなど白身魚でもおいしいです。

材料と作り方（４人分）

生鮭 ── ４切れ
塩 ── 小さじ½
A | 白みそ ── 200g
　| 酒粕（やわらかいもの）── 大さじ３
　| 甘酒 ── 大さじ２

1　鮭は塩をふって20分ほどおき、水気を拭き取る。

2　Aを混ぜ合わせ、バットに⅓量を広げてガーゼをのせ、1を並べて再びガーゼで覆い、残りのAを塗る。ラップをして冷蔵庫で一晩〜３日間ほど漬ける。

3　鮭を取り出し、グリルに入れて弱めの中火で10分ほどこんがり焼く。

柚子大根

カリッとした大根と柚子の香りがあとをひきます。
とりあえずの一品にも助かります。

材料と作り方（４人分）

大根 ── 400g
塩 ── 大さじ½
柚子の搾り汁 ── １個分
酢 ── 適量
A | 砂糖 ── 大さじ１
　| 塩 ── 小さじ¼
柚子の皮（せん切り）── 少々

1　大根は４cm長さの拍子木切りにし、塩をふってしんなりするまでおく。

2　柚子の搾り汁に酢を加えて大さじ３にする。

3　ボウルに2、Aを混ぜ合わせ、水気を絞った大根を加えてあえ、冷蔵庫で一晩以上漬ける。

4　器に3を盛り、柚子の皮をのせる。

藤井　恵（ふじい・めぐみ）

料理研究家。管理栄養士。

大の辛党として知られ、立ち呑みから名物酒場まで、
こだわりの「旨い店」にひとり立ち寄るのが藤井流。
本書は、晩酌の醍醐味をふんだんに詰め込んだ
おつまみレシピの集大成。

デザイン　天野美保子
撮影　木村 拓（東京料理写真）
スタイリング　大畑純子
編集協力　こいずみきなこ
編集　三宅礼子
校正　株式会社円水社
DTP　株式会社明昌堂

撮影協力　UTUWA　TEL 03-6447-0070

藤井恵
とっておきの
晩酌レシピ

発行日　2018年4月25日　初版第1刷発行

著　者　藤井 恵
発行者　井澤豊一郎
発　行　株式会社世界文化社
〒102-8187　東京都千代田区九段北4-2-29
TEL 03-3262-5118（編集部）
TEL 03-3262-5115（販売部）
印刷・製本　凸版印刷株式会社

ISBN 978-4-418-18312-8